Young Professionals in Publishing –
Nachwuchskräfte im Verlagswesen

Lisa Gürtler • Joanna Rietl •
Laura Marie Zinganell
Hrsg.

Young Professionals in Publishing – Nachwuchskräfte im Verlagswesen

Expectations, Challenges, Chances –
Erwartungen, Herausforderungen, Chancen

Hrsg.
Lisa Gürtler
Johannes Gutenberg-Universität
Mainz, Deutschland

Joanna Rietl
Johannes Gutenberg-Universität
Mainz, Deutschland

Laura Marie Zinganell
Johannes Gutenberg-Universität
Mainz, Deutschland

ISBN 978-3-658-45331-2   ISBN 978-3-658-45330-5 (eBook)
https://doi.org/10.1007/978-3-658-45330-5

Die Deutsche Nationalbibliothek verzeichnet diese Publikation in der Deutschen Nationalbibliografie; detaillierte bibliografische Daten sind im Internet über https://portal.dnb.de abrufbar.

© Der/die Herausgeber bzw. der/die Autor(en), exklusiv lizenziert an Springer Fachmedien Wiesbaden GmbH, ein Teil von Springer Nature 2025

Das Werk einschließlich aller seiner Teile ist urheberrechtlich geschützt. Jede Verwertung, die nicht ausdrücklich vom Urheberrechtsgesetz zugelassen ist, bedarf der vorherigen Zustimmung des Verlags. Das gilt insbesondere für Vervielfältigungen, Bearbeitungen, Übersetzungen, Mikroverfilmungen und die Einspeicherung und Verarbeitung in elektronischen Systemen.
Die Wiedergabe von allgemein beschreibenden Bezeichnungen, Marken, Unternehmensnamen etc. in diesem Werk bedeutet nicht, dass diese frei durch jede Person benutzt werden dürfen. Die Berechtigung zur Benutzung unterliegt, auch ohne gesonderten Hinweis hierzu, den Regeln des Markenrechts. Die Rechte des/der jeweiligen Zeicheninhaber*in sind zu beachten.
Der Verlag, die Autor*innen und die Herausgeber*innen gehen davon aus, dass die Angaben und Informationen in diesem Werk zum Zeitpunkt der Veröffentlichung vollständig und korrekt sind. Weder der Verlag noch die Autor*innen oder die Herausgeber*innen übernehmen, ausdrücklich oder implizit, Gewähr für den Inhalt des Werkes, etwaige Fehler oder Äußerungen. Der Verlag bleibt im Hinblick auf geografische Zuordnungen und Gebietsbezeichnungen in veröffentlichten Karten und Institutionsadressen neutral.

Planung/Lektorat: Laura Spezzano
Springer Gabler ist ein Imprint der eingetragenen Gesellschaft Springer Fachmedien Wiesbaden GmbH und ist ein Teil von Springer Nature.
Die Anschrift der Gesellschaft ist: Abraham-Lincoln-Str. 46, 65189 Wiesbaden, Germany

Wenn Sie dieses Produkt entsorgen, geben Sie das Papier bitte zum Recycling.

Inhaltsverzeichnis

Part 1 Young Professionals in Publishing – Expectations, Challenges, Chances

1 **The Landscape of the Publishing Industry and its Job Market**   7
Sonja Knobling, Madihah Mirza, Rachel Polzin, Ray Thomson and Ann-Kathrin Weber
1.1   Introduction   7
1.2   The Current State and Trends in the Publishing Industry   9
1.3   Existing and New Job Profiles in Publishing   11
References   14

2 **Young Professionals in Publishing**   17
Isabell Eder, Johanna Kreitz, Lea Rußwurm, Elena Telke and Michelle Elke Thurn
2.1   Introduction   17
2.2   Challenges for Companies in the Publishing Industry   19

2.3	Unique Skills and Strengths of Young Professionals and their Benefits	22
2.4	Possible Hurdles for Young Professionals	23
References		25

3 Understanding the Perspectives of Young Professionals in Publishing 29
Alicia Bopp, Sandra Ritzinger and Laura Zinganell

3.1	Introduction	29
3.2	The Expectations of Young Professionals	30
3.3	Addressing the Needs and Concerns of New Employees	31
References		33

4 Creating an Appealing Work Environment for Young Professionals 35
Lena Burfien, Emma Busch, Lisa Gürtler, Joanna Rietl and Klara Weckert

4.1	Introduction	35
4.2	Modernising Hiring and Career Entry Processes	36
4.3	In Particular: Implementing Attractive Onboarding; Traineeships	39
4.4	More General and Beyond the Purely Operational: Strategies for Creating an Inviting Work Environment	42
4.5	Ensuring Fair Compensation	44
4.6	Supporting Professional Development and Growth	45
References		48

5 Conclusion and Action Points: Shaping the Future of the Publishing Industry 51
Lisa Gürtler and Joanna Rietl

5.1	Conclusion	51
5.2	Action Points for Attracting and Retaining Talent in the Digital Age	54

Teil 2 Nachwuchskräfte im Verlagswesen – Erwartungen, Herausforderungen, Chancen

6 Die Lage der Verlagsbranche und ihr Arbeitsmarkt 67
Sonja Knobling, Madihah Mirza, Rachel Polzin,
Ray Thomson und Ann-Kathrin Weber
6.1 Einleitung 67
6.2 Aktueller Stand und Trends in der Verlagsbranche 69
6.3 Bestehende und neue Berufsprofile im Verlagswesen 72
Literatur 75

7 Nachwuchskräfte im Verlagswesen 77
Isabell Eder, Johanna Kreitz, Lea Rußwurm, Elena Telke
und Michelle Elke Thurn
7.1 Einleitung 77
7.2 Herausforderungen für Unternehmen im Verlagswesen 79
7.3 Fähigkeiten und Stärken von jungen Fachkräften 82
7.4 Mögliche Herausforderungen für junge Fachkräfte 84
Literatur 87

8 Die Perspektiven junger Fachkräfte im Verlagswesen verstehen 91
Alicia Bopp, Sandra Ritzinger und Laura Zinganell
8.1 Einleitung 91
8.2 Die Erwartungen junger Fachkräfte 92
8.3 Auf die Bedürfnisse und Anliegen neuer Mitarbeitendereingehen 94
Literatur 95

9 Ein attraktives Arbeitsumfeld für junge Fachkräfte schaffen 97
Lena Burfien, Emma Busch, Lisa Gürtler, Joanna Rietl und Klara Weckert

9.1 Einleitung 97
9.2 Modernisierung von Einstellungs- und Karriereeinstiegsprozessen 98
9.3 Insbesondere: Attraktives Onboarding implementieren; Volontariate 103
9.4 Allgemeiner und über das rein operative hinaus: Strategien zur Schaffung einer einladenden Arbeitsumgebung 105
9.5 Sicherstellung einer fairen Vergütung 107
9.6 Unterstützung von beruflicher Entwicklung und persönlichem Wachstum 109
Literatur 112

10 Schlussfolgerung und Handlungsempfehlungen: Die Zukunft der Verlagsbranche gestalten 115
Lisa Gürtler und Joanna Rietl

10.1 Schlussfolgerung 115
10.2 Maßnahmen zur Gewinnung und Bindung von Talenten im Digitalen Zeitalter 119

Autorenverzeichnis

Alicia Bopp Johannes Gutenberg University Mainz, St. Leon-Rot, Deutschland

Lena Burfien Johannes Gutenberg University Mainz, Hannover, Deutschland

Emma Busch Johannes Gutenberg-Universität, Mainz, Deutschland

Isabell Eder Johannes Gutenberg University Mainz, Mainz, Deutschland

Lisa Gürtler Johannes Gutenberg-Universität, Mainz, Deutschland

Sonja Knobling Johannes Gutenberg University Mainz, Großeibstadt, Deutschland

Johanna Kreitz Johannes Gutenberg University Mainz, Mainz, Deutschland

Madihah Mirza Edinburgh Napier University, Birmingham, UK

Rachel Polzin Edinburgh Napier University, Cary, USA

Joanna Rietl Johannes Gutenberg-Universität, Mainz, Deutschland

Sandra Ritzinger Johannes Gutenberg University Mainz, Offenburg, Deutschland

Lea Rußwurm Johannes Gutenberg University Mainz, Witten, Deutschland

Elena Telke Johannes Gutenberg University Mainz, Olsberg, Deutschland

Ray Thomson Edinburgh Napier University, Moray, UK

Michelle Elke Thurn Johannes Gutenberg University Mainz, Klein-Winternheim, Deutschland

Ann-Kathrin Weber Johannes Gutenberg University Mainz, Hochheim am Main, Deutschland

Klara Weckert Johannes Gutenberg University Mainz, Schlüsselfeld, Deutschland

Laura Zinganell Johannes Gutenberg University Mainz, Leun, Deutschland

Abbildungsverzeichnis

Fig. 1.1	Screenshot of a current job listing in the publishing sector on the website of *The Bookseller* (April 2024) showing the focus on the digital sphere in publishing	12
Fig. 1.2	Screenshot of a current job listing in the German publishing sector on the website of *Börsenverein* (April 2024), presenting jobs such as "Metadatenmanager*in/Contentmanager*in digital" (manager metadata/content manager)	13
Abb. 6.1	Screenshot einer aktuellen Stellenanzeige im Verlagssektor auf der Website von *The Bookseller* (April 2024), der den Fokus auf den digitalen Bereich im Verlagswesen zeigt	73
Abb. 6.2	Screenshot einer aktuellen Stellenanzeige im deutschen Verlagssektor auf der Website des *Börsenvereins* (April 2024), die Jobs wie „Metadatenmanager*in/Contentmanager*in digital" (Manager Metadaten /Content Manager) präsentiert	74

Part 1

Young Professionals in Publishing – Expectations, Challenges, Chances

1.1 Preface Johannes Gutenberg University Mainz and Edinburgh Napier University

There are divergent views as to what Buchwissenschaft and Publishing Studies are at their core; beyond subtle theoretical and methodological considerations, publishing studies can be seen as a reflected cultural practice (an idea first advanced by our colleague John Maxwell of Simon Fraser University in Vancouver), with universities as a space for experimentation and for bringing publishing into the context of advanced scholarly thinking (when the need arises).

Publishing as a cultural practice is in a steep transition, particularly since the end of 2022, and the potential of GenAI to overturn pretty much every single step along the publishing value chain. Alumnis' knowing about and having competences in editorial processes at the current state of developments is not least an imperative triggered by one of the objectives of universities - to develop the next generation of professionals, in our case professionals for the publishing business of the future.

Thus, we thought it was high time for an experiment in which we performed this cultural practice in transition, to work with AI and to reflect on the publication process as it unfolded - and why not right away to the extreme in the sense that we use GenAI to (help) *write* a text. This might allow us to (1) explore what is currently possible with the most advanced tools and (2) feed that knowledge into the subsequent publishing value chain to examine what such a text means for each step along the publishing workflow. An important part of this would be exposing it to the best quality assurance there is, namely the scrutiny of emerging, as well as experienced, human editors (students working with publishing professionals).

Our publishing partner, Springer Nature, was an excellent fit, given their pioneering work in machine-generated publishing and, in particular, their use of the *AI Book Designer*, an AI-assisted workflow tool which integrates GenAI into the process of creating non-fiction texts. So, we teamed up. After testing the idea in a workshop with German and French PhD candidates in early 2023, we "rolled it out" with about 20 of our students during a newly configured hybrid seminar during the winter semester of 2023/24.

It was a hypothesis from the start – to be tested during the process – that our experiment's "human authors" (or however you would like to call them) would have command over the supporting algorithm; for this, the students should be proficient in the field the book was about to cover. Also, despite it being conceived and produced within our universities, the topic should not be too academic but instead appeal to a wider potential audience. The aim was to present what is currently possible and to discuss this with more people, not least those outside academia, particularly in the book industry. For this reason, a publishing studies topic in the narrow sense of the word was not an option. However, in the intersection of the two main requirements mentioned (the students are specialists, there is a considerable potential audience), we thought we could carve out as the topic the moment in which alumni of publishing studies courses in Germany and the UK enter a book industry in transition, and dwell on this in detail. Therefore, the two primary leading questions for the book were: *what do publishing studies alumni expect on entering publishing*, and *how can book companies make use of the particular potential of these young professionals*. By this, we were on the path to a professional book, not a scholarly one. Book / publishing studies at Johannes Gutenberg University Mainz have a long-standing relationship with the postgraduate Publishing Masters course at Edinburgh Napier University. During and in addition to exchange weeks of student groups in both directions (unfortunately interrupted by the Coronavirus pandemic), staff and students have benefited from cooperative projects between Mainz and Edinburgh for over ten years. Therefore, it seemed desirable indeed to include Edinburgh students in this project with Springer Nature. This led to our decision to write this book (or have it written by AI), in English - and supplement it with a machine / machine-assisted translation to German as an additional dimension to document the possibilities of AI in publishing and content dissemination in early 2024.

The process itself turned out to be rather complex. Spread over a whole semester (from October 2023 to February 2024), it involved eight hybrid group sessions (some more than four hours each), as well as independent working and sub-team meetings. From a top-level perspective, it was important to decide on the collection of material that was to be fed to the algorithm. This material - comprising academic research, industry reports, extracts and quotations, as well as key aspects pertaining to the overall structure and the content of each chapter - was then "wrapped", as it were, by Springer Nature specialists into prompt statements for the AI. Alternative output results by the system were presented and discussed in the plenary, one was selected, often with amendments (e.g. "we like alternative 2 of chapter 3 best, but please shorten and replace the competence section by the option as presented in alternative 1"), and this was fed back as new prompts - recursively until the students were satisfied with the outcome. The overall results were finally exposed to an extensive editing process, by a professional Springer Nature editor, the students as well as their professors.

The "academic" teams in Mainz and Edinburgh gained a number of extremely valuable experiences in this process, some of them rather implicit, others not even directly related to the top-level endeavour of writing a book with the help of GenAI. If asked to state - necessarily in a simplified manner - how we would pithily answer the question, if (and how far) it is currently possible to write a (professional) book with the help of GenAI, we would probably reply: guided by an advanced system and very critically looking at the micro-argumentation (there is a certain tendency to repetitions and almost-repetitions) as well as the choice of words (there is a certain tendency to use expressive vocabulary which is not always adequate), it is, in fact, already possible - as this book testifies. Our objective being an exploration of the theory and praxis of publishing as a reflected cultural practice, our experiment is less concerned with the ethical considerations of using AI to write books. What can, however, be ventured is that using GenAI to write books may enable important books to be published that otherwise may not have been written, due to time and financial considerations required of publishers when using "human" authors.

Academically, we will of course go on monitoring AI's utilisation within the publishing industry. In the meantime, our students - particularly the ones who participated in our innovative project - will have the chance to actively leave their imprint on this issue once they have left the university and enter the publishing industry.

We would like to thank Springer Nature for the opportunity of collaborating on this unique project, and for the time, commitment and empathy that their first-rate representatives exhibited throughout. We liked the busy and targeted, but also considerate and student-centered atmosphere of our sessions. As publishing studies scholars and students, we are aware of the extra work caused by the constraints of working with higher education institutions, but we are proud of how we powered through barriers, bringing together a book both innovative and thought-provoking, one which provides a snapshot of current publishing practice at this important juncture in the history of the publishing industry.

Prof. Dr. Christoph Bläsi (Mainz)
Assoc. Prof. Avril Gray (Edinburgh)

1.2 Preface Springer Nature

This book is the outcome of an extraordinary journey realised by staff and students of Johannes Gutenberg University, Edinburgh Napier University and editors and AI experts from Springer Nature. We harnessed AI to support the writing of this book. Working online and across geographical, language and logistical barriers, a group of very talented students used an AI prototype tool with the goal of publishing a book, which we are proud to publish. We consider this project as a significant step into the future of academic publishing, where technology and human oversight, experience and expertise are mixed and matched to produce high-quality content.

At the heart of our collaboration was a structured writing process facilitated by editors, authors and our *AI Book Designer* prototype. Students were guided through seven detailed steps, from gathering essential information to finalising the manuscript, each step only being concluded when all necessary information and sources were provided:

- Step 1 begins with the authors defining essential elements of the project, such as the target audience, keywords, and unique selling propositions.
- In Step 2, AI uses this information to generate a preliminary table of contents, which the authors then refine.
- Once finalised, in Step 3 the authors outline each chapter in detail, providing bullet points and relevant sources to create a clear roadmap for the manuscript.
- In Step 4, they manually verify each reference to ensure that it supports their arguments and enriches the content, maintaining quality and reliability.
- In Step 5, all gathered information is transformed into prompts that guide the AI in generating chapter drafts.
- Next, in Step 6, authors and editors critically review, revise and again ensure the integrity of the sources.
- Finally, in Step 7, didactic elements, figures, and tables are created manually, and the manuscript is finalised with the approval of the authors and editors.

This structured approach ensured that every aspect of our writing process was meticulously addressed, with continuous feedback loops for human revision, refinement and quality checks. AI was primarily used to assist with text generation, but it also enhanced the creative process by suggesting alternatives from given information, and by structuring and organising thoughts, ideas and information.

Quality is paramount in our collaborative work. We are committed to maintaining high standards throughout the writing process, and this project was no exception. Each item generated by the AI underwent rigorous scrutiny and approval by students, academics, authors and editors, ensuring that the final product reflects not only our collective expertise but also the highest standards of validation and quality.

We believe that transparency is key, which is why we explain the role of AI here in this preface, highlighting the essential human oversight that accompanied every step of our writing journey. Our project emphasises the interaction between human authors and AI technology, a collaboration that we believe is essential for success in modern publishing as we move forward. People remain central to the process. The interdisciplinary teamwork among authors, editors, and AI experts has been invaluable, building a dynamic environment which allows us to learn from one another and adapt the prototype to fit our diverse needs.

This project combines our commitment to producing high-quality academic content while embracing the advancements of AI applications. Our aim is not only to improve the writing process but also to break down the barriers of time capacities and writing capability that both experienced and early career researchers often face.

We are proud to present this book, "*Young Professionals in Publishing – Expectations, Challenges, Chances*", which captures the unique perspectives of emerging professionals in our field, and offers insights and recommendations for the publishing industry as a whole. It is a great example of bridging the gap between science and practice. Our collaboration with students has also provided us with valuable insights which will benefit future publications. A huge thanks to everyone who has supported this journey, to all students involved and especially to those who spent their free time during summer break and, in some cases, beyond their Master degree. We wish you all the best as you embark on the next journey – perhaps a career in publishing with a suitcase full of AI experiences.

Vivien Bender (Executive Editor)
Andreas Funk (Editorial Director)
Henning Schönenberger (VP, Content Innovation)
Laura Spezzano (Associate Editor)

1

The Landscape of the Publishing Industry and its Job Market

Sonja Knobling, Madihah Mirza, Rachel Polzin, Ray Thomson and Ann-Kathrin Weber

1.1 Introduction

The digital era's advent has triggered transformative shifts across multiple industries, of which publishing is one. This book and especially this first chapter delves into the dynamic landscape of the publishing sector and its employment market, offering insights into prevailing trends, challenges, and opportunities present. The hastened transition towards digital publishing consequently prompts this chapter to analyse the evolution of em-

---

S. Knobling (✉)
Johannes Gutenberg University Mainz, Großeibstadt, Deutschland
E-Mail: s.knobling@students.uni-mainz.de

M. Mirza
Edinburgh Napier University, Birmingham, UK
E-Mail: 40648735@live.napier.ac.uk

R. Polzin
Edinburgh Napier University, Cary, USA
E-Mail: 40623717@live.napier.ac.uk

© Der/die Autor(en), exklusiv lizenziert an Springer Fachmedien Wiesbaden GmbH, ein Teil von Springer Nature 2025
L. Gürtler et al. (Hrsg.), *Young Professionals in Publishing – Nachwuchskräfte im Verlagswesen*, https://doi.org/10.1007/978-3-658-45330-5_1

ployment profiles, technology's impact, and the shared expectations and requirements of prospecting professionals entering this domain. The publishing industry's adaptation to innovations triggered and enabled by digitisation, including Artificial Intelligence (AI) integration, the surge in self-publishing and the shift towards open access publishing (to give a few examples), underscores the sector's dynamic nature and its implications for employment and skills. This overview synthesises these primary elements, setting the scene for an in-depth exploration of the publishing industry's continuous evolution and its relevance for aspiring publishing professionals.

The digital transition has allowed for the emergence of fresh employment profiles while simultaneously reforming traditional roles in the publishing sector. The evolving employment market necessitates a unique skill set and proficiencies, particularly in digital literacy and related technological expertise.

As a result, educational institutions and training programmes need to address these emerging needs in order to prepare students and early career professionals for the opportunities and challenges of this evolving digital publishing environment. In particular, the focus is on the importance of continuous learning and adaptability as key factors for success in this environment of transformation. On the side of employers, this involves a working environment that encourages creativity, collaboration, and innovation, supports passion and curiosity through professional development and promotes the entry of young professionals and career changers through fairly paid internships.

In essence, the introductory chapter provides an initial overview of the current status and trends in the publishing industry and its labour market. This forms the basis for the following chapters, which look in more detail at the challenges and opportunities for young publishing professionals, employers' strategies for an attractive working environment and

---

R. Thomson
Edinburgh Napier University, Moray, UK
E-Mail: 40435939@live.napier.ac.uk

A.-K. Weber
Johannes Gutenberg University Mainz, Hochheim am Main, Deutschland
E-Mail: weannkat@students.uni-mainz.de

successful recruitment in the digital age and in the era of skills shortages. Through this approach, the book aims to provide actionable insights for young professionals and employers to ensure a pleasant and successful working relationship for both parties.

1.2 The Current State and Trends in the Publishing Industry

The publishing industry faces a multitude of challenges and opportunities triggered by the ongoing digital transformation – new types of communication and content, new business models, and new competitors. Specifically, the industry must handle shifting revenue streams as consumers continue to turn to digital media, diminishing print sales, and continually adapting to new digital forms of entertainment and information. Despite this, this changing landscape offers room for progress and innovation, taking advantage of developments that are systematically reshaping the sector, such as new forms of communication through born-digital publishing formats, social media, self-publishing, the open access paradigm, and artificial intelligence (AI).

Digital publishing has experienced significant growth and, by causing the publishing industry as a whole to evolve in new ways, has benefited users of all forms of media (Ross 2021). Driven by the rising prevalence of content within digital spaces and changes in consumer behaviour, web-based content sources like (enhanced) ebooks, also webcomics and fan fiction platforms, have gained considerable traction (Price 2022; Rodzvilla 2023). Several of these new publishing platforms offer content that is universally (or at least more easily) accessible to consumers and often free-of-cost, e.g. ad-supported; or they have found new ways to monetise their content, for example through microtransactions (Ren 2023; Rodzvilla 2023). Harnessing the advantages of these media forms and utilising their respective functionalities could help publishers reach and engage their target audiences more effectively – and help them stay competitive.

With the increasing proliferation and use of mobile devices and social networking platforms, new forms of communication are exerting a significant influence not only on how content is marketed and discussed but also on how content is created, curated, and consumed (Griem, 2021). In particular, social media has morphed into a crucial tool for content creators and authors, offering an interactive platform to engage with audiences, gauge public sentiment about certain topics, and foster conversations and engagement around their work. Derived insights from data analysis can guide creative and marketing decisions, simultaneously monitoring evolving trends that may shape future publication direction. Incorporating these communication forms through social media remains paramount for publishing houses and other players in the media industry to remain in step with prevailing trends.

Discussing trends in the publishing industry would be incomplete without acknowledging the relevance of self-publishing. As technology advances, authors are increasingly harnessing self-publication to assert creative control over their work, bypassing traditional publishing houses (Walzer 2023). In addition to control issues, the adage "time is money" rings true here (especially for self-published authors who use AI to aid the writing process). New programs and platforms, such as Amazon Kindle's Direct Publishing, have surfaced to facilitate self-publication and to outsource certain services to professionals, maintaining acceptable quality for publication while also securing affordability for the authors. These new digital platforms give authors complete creative control over their content and the way it is marketed and provide an easily accessible way to publish their manuscripts. The emergence of both social media platforms and self-publishing services has revolutionised communication and distribution channels, providing access to a global audience. This has resulted in a shift in the way content is created, shared, and consumed, making it necessary for publishers to adapt to these changes. Authors are no longer reliant on traditional publishing houses, especially if they already have a well-established audience and thereby gain control over how their work is presented and marketed (Walzer 2023).

Open Access (as the first building stone and still the core of the development in the direction of Open Science) exerts a significant impact on the publishing industry (Siler 2017). Directly tackling issues surrounding the cost of access to scholarly content, this shift toward transparent, accessible knowledge sharing – also for far-reaching reuse – has enhanced academic discourse and has resulted in wider accessibility of information. This increased openness fosters academic discourse and encourages the continued publication of academic papers, enabling further growth in research. While primarily governing the academic publishing sector (Sankar et al. 2022), the demand for more accessible publications in this sense has inevitably spread into the broader publishing industry, affecting requirements within the sector.

AI's role within the publishing industry has become increasingly impactful (Bhaskar 2020; Pickering et al. 2022; Kaebnick et al. 2023). With the ability to automate tasks such as layout creation and the potential to generate content, AI can significantly shorten the traditional publishing process. This increased efficiency enables the reallocation of human resources to areas requiring higher-level decision-making, expertise in publishing based on implicit knowledge, or creativity which AI cannot yet replicate. As AI finds its way into the publishing sector, and especially into academia and scholarly publishing (which is a challenging task in itself to implement effectively and acceptably), it is crucial that companies and institutions alike formalise a code of conduct and a set of guidelines that will enable them to adequately regulate the use of such tools. Ignoring these precautions may lead to legal and ethical (e.g. fairness) issues.

It becomes evident that the industry is experiencing transformation, primarily driven by technological development. Strategic approaches to these changes can turn this disruption into an opportunity for innovation, thus of course also altering the publishing job market's landscape. As such, strategic foresight and preparedness for future trends become crucial in ensuring the industry's continued adaptability and resilience.

1.3 Existing and New Job Profiles in Publishing

Digitalisation has reshaped the publishing sector, affecting traditional job profiles and paving the way for new roles. This sub-section explores how the sector's labour market has changed, discusses the emergence of new job profiles, and addresses the challenges of potential job mismatches.

To specify the development of new job profiles in the publishing industry, it is worth looking at the snapshot of current job advertisements, which consists of advertisements in magazines and websites such as the Börsenverein (association, Germany) and The Bookseller (b2b magazine, UK). These listings reveal a wide array of roles ranging from content editor, graphic designer, market analyst, and product manager to more specific positions like AR/VR developer, SEO specialist, and data-driven marketing expert (Fig. 1.1 and Fig. 1.2). The growth of social media's influence has sparked roles like social media strategist and online community manager to become prevalent, indicating the significance of maintaining an active and engaging online presence for publishers. Furthermore, the advent of AI publishing has led to the conception of roles focused on building and safeguarding AI-controlled processes and tools, such as data scientists or, more generally, AI specialists. These roles document as well as drive the innovation of the publishing processes (Zhang und Song 2021).

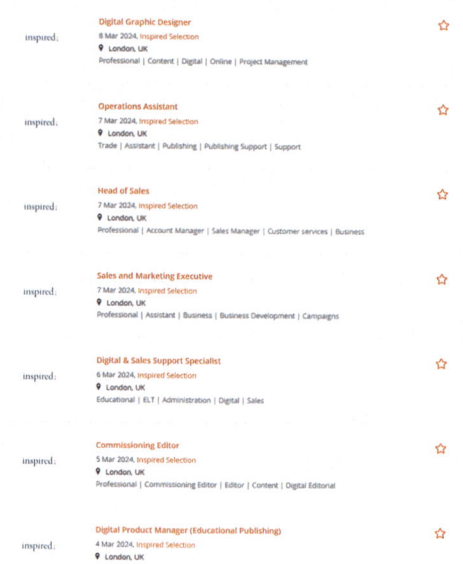

Fig. 1.1 Screenshot of a current job listing in the publishing sector on the website of *The Bookseller* (April 2024) showing the focus on the digital sphere in publishing

1 The Landscape of the Publishing Industry and its Job Market

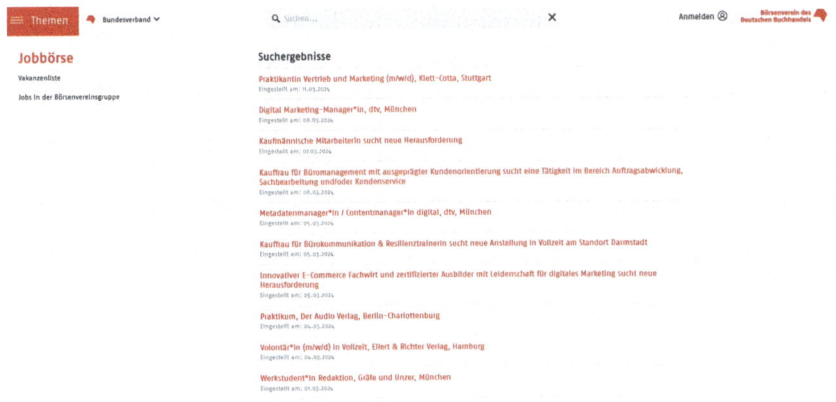

Fig. 1.2 Screenshot of a current job listing in the German publishing sector on the website of *Börsenverein* (April 2024), presenting jobs such as "Metadatenmanager*in/Contentmanager*in digital" (manager metadata/content manager)

While new job profiles like the ones mentioned above are the direct result of new technological developments, a shift can also be observed in traditional job profiles, which have to keep pace with advancing technologies and trends. For instance, the role of an editor has expanded its traditional scope to incorporate elements that require digital proficiency for leveraging online tools and platforms for content selection, content evaluation, and also content distribution.

Meanwhile, the boundaries of employment in this industry remain notoriously flexible, with job structures varying between permanent employment and outsourced freelance work (Bridges 2018). The implications are multifaceted. On one hand, it reflects a shift towards a gig-based economy, offering flexibility and independence for employers as well as young professionals. Simultaneously, however, it can lead - on the side of the employees - to unreliability in income, inadequate social security, and a lack of opportunities for professional growth. In the current industry environment that heavily relies on internships and entry-level positions with unsatisfying working conditions, the accentuation of freelance work has the potential to mask exploitative practices within pliable employment contracts (Bridges 2018). This uncertainty and lack of clear career trajectories may discourage young professionals from entering the industry.

The ongoing digital transformation in the publishing market poses both opportunities and challenges to its job market. The publishing industry must strategically revise its traditional roles, adapt to new job profiles, and innovatively manage the dynamics of freelance work and permanent employment to the benefit of all parties involved. The industry's growth and resilience will ultimately depend on its ability to attract and retain a vibrant and talented workforce. The industry has to harness the potential that young professionals bring to the table to remain competitive with other industries when recruiting young talent.

References

Bhaskar, Michael. (2020). AI and Publishing. What next?. In: *Logos, 31*, p. 13–19. https://doi.org/10.1163/18784712-03103003.

Bridges, Lauren E. „Flexible as freedom? The dynamics of creative industry work and the case study of the editor in publishing." *New Media & Society* 20.4 (2018): 1303–1319.

Griem, Julika. (2021) *Szenen des Lesens. Schauplätze einer gesellschaftlichen Selbstverständigung.* Bielefeld: transcript. https://doi.org/10.1515/9783839458792.

Kaebnick, Gregory E./Magnus, David Christopher/Kao, Audiey/Hosseini, Mohammad/ Resnik, David/Dubljević, Veljko/Rentmeester, Christy/ Cherry, Mark J. (2023). Editors' statement on the responsible use of Generative AI Technologies in Scholarly Journal Publishing. *Ethics & Human Research*, 45(5), 39–43. https://doi:10.1002/eahr.500182.

Pickering, Ruth/Ismail, Matthew/Hook, Daniel W./Porter, Simon J./ Coleman, Catherine Nicole/Keller, Michael A./Weis, James W./Brand, Amy/Gramatica, Ruggero/Dindo, Haris/Carpenter, Todd A. (2022). *Artificial Intelligence in Libraries and Publishing.* https://doi.org/10.3998/mpub.12669942.

Price, Ludi. (2022). *Fanfiction, Self-Publishing, and the Materiality of the Book. A Fan Writer's Autoethnography.* London: University of London. https://doi.org/10.3390/h11040100.

Ren, Xiang (2023). Understanding the Digital Publishing Economy: From eBook Disruption to Platform Ecosystem. In: The SAGE handbook of the digital media economy. SAGE Publications Ltd. 301–324. https://doi.org/10.4135/9781529757170

Rodzvilla, John. (2023) What Outfit Shall the Protagonist Wear? In: *LOGOS (34) Ausgabe 2.* p. 26–39. DOI: https://doi.org/10.1163/18784712-03104064.

1 The Landscape of the Publishing Industry and its Job Market

Ross, M.N. (2021). Publishing in the Digital Age: How Business Can Thrive in a Rapidly Changing Environment (1st ed.). Routledge. https://doi.org/10.4324/9781003162636.

Siler, Kyle (2017). Future Challenges and Opportunities in Academic Publishing. *The Canadian Journal of Sociology/Cahiers Canadiens de Sociologie*, 42(1), 83–114. https://www.jstor.org/stable/90009690.

Sankar, Mallika/Nagarathinam, Aishwarya/Paramasivan, Senthilmurugan/Chellasamy, Aarthy. (2022). *Best Practices and Navigating the Effects of Open Access Journals in Scholastic Publication*. In: Daniel Gelaw Alemneh (Eds.), *Handbook of Research on the Global View of Open Access and Scholarly Communications Advances in Knowledge Acquisition, Transfer, and Management*. (p. 267–287). https://doi.org/10.4018/978-1-7998-9805-4.ch013.

Walzer, Dorothea. (2023). Ubiquitäres Publizieren. Zur Theorie und Geschichte des Selbstveröffentlichens. Journal of Literary Theory, 17(1), 11–37. https://doi.org/10.1515/jlt-2023-2002.

Zhang, Mingjie and Song, Fangbin. (2021). Cultivation of Entrepreneurial Psychology and Innovation Ability by New Media Art Under the Reform of Publishing Industry. In: *Frontiers in Psychology*, Volume 12, p. 725–749. https://doi.org/10.3389/fpsyg.2021.7257498/.

Figures

Figure 1: Screenshot from *thebookseller.com*. https://jobs.thebookseller.com/jobs/publishing (accessed: 01.04.2024).

Figure 2: Screenshot from *boersenverein.de*. https://www.boersenverein.de/job-boerse/ (accessed: 01.04.2024).

2

Young Professionals in Publishing

Isabell Eder, Johanna Kreitz, Lea Rußwurm, Elena Telke and Michelle Elke Thurn

2.1 Introduction

The shifting publishing landscape, driven by technological advancements and evolving societal attitudes, presents a mix of challenges and opportunities, particularly for emerging professionals in the field. This chapter

---

I. Eder (✉) · J. Kreitz
Johannes Gutenberg University Mainz, Mainz, Deutschland
E-Mail: ieder@students.uni-mainz.de; jkreitz@students.uni-mainz.de

L. Rußwurm
Johannes Gutenberg University Mainz, Witten, Deutschland
E-Mail: lrusswur@students.uni-mainz.de

E. Telke
Johannes Gutenberg University Mainz, Olsberg, Deutschland
E-Mail: etelke@students.uni-mainz.de

M. E. Thurn
Johannes Gutenberg University Mainz, Klein-Winternheim, Deutschland
E-Mail: mthurn@students.uni-mainz.de

© Der/die Autor(en), exklusiv lizenziert an Springer Fachmedien Wiesbaden GmbH, ein Teil von Springer Nature 2025
L. Gürtler et al. (Hrsg.), *Young Professionals in Publishing – Nachwuchskräfte im Verlagswesen*, https://doi.org/10.1007/978-3-658-45330-5_2

explains the effects of the complex dynamics of the publishing industry on aspiring professionals' venture into publishing careers. Providing a brief synopsis of the key challenges, distinct assets, and potential impediments faced by young professionals in their career paths within the publishing domain is the main focus of this chapter.

The publishing industry is undergoing significant change, driven primarily by technological innovations that require traditional publishing structures to transform into more dynamic, digitally oriented models. Emerging professionals enter this domain equipped with skills and perspectives that are particularly adept at navigating these changes. Their digital literacy, adaptability to technological upheavals, and mastery of social media form significant contributions to the forward movement of organisations (Naim 2022). Complementing these skills is their comprehension of younger demographics and current societal issues prevalent, such as workplace diversity and inclusivity principles.

Nevertheless, these professionals encounter hindrances. A pronounced mismatch between their skills, expectations, and the conventional structures and roles within the publishing industry exists. A significant chasm often separates young professionals' expectations in terms of career development, autonomy, weekly working hours and remote working, and the practical employment opportunities available to them. This discrepancy can lead to disillusionment and possibly even a change of industry (McCoy 2021; "Society of Young Publishers" 2024).

It is crucial for publishers to identify the unique strengths that young professionals bring to the table, including their technological skills, innovative mindsets, and commitment to diversity and inclusiveness, and to foster an environment that nurtures these strengths (O'Brien and Arnold 2022). To address the industry's competitiveness and limited entry-level opportunities, publishers should devise focused strategies that accommodate the expectations and aspirations of these young professionals while providing opportunities for skill enhancement and career progression.

Simultaneously, young professionals should optimise the strategic use of their skills by remaining open to acquiring new capabilities in response to changing industry demands.

This chapter seeks to reconcile the expectations of young professionals and the realities of the publishing industry while highlighting the transformational role that these professionals play in moulding a more vibrant, inclusive, and technologically advanced publishing landscape.

2.2 Challenges for Companies in the Publishing Industry

In the publishing industry, technological transformations and shifting market demands are resulting in substantial changes. The pace at which companies are required to adapt is considerable, and the ability to do so effectively is a significant challenge. In addition to traditional publishing channels, the digital age has opened up not only new digital publishing formats, such as open access or e-books a few years ago, or generative AI now, which publishers must learn to navigate in order to be successful, but also new ways of monetising (e.g. subscription-based models) and promoting their content (Waltham 2003; Lewis 2022; Rodzvilla 2023; Bhaskar 2020). Other examples in this selection of technological and business model developments include social media channels and so-called "influencers"; the latter are becoming important partners for publishers that cannot be ignored (Hebert 2021). In addition, the emergence of AI will have an even greater impact on companies' strategies and operations (McIlroy 2023; "People Plus Machines", 2020).

Despite the potential of technologies such as tools to help with content classification through metadata or automatise plagiarism detection, they pose significant challenges in terms of keeping up to date, implementing them effectively, maintaining the quality of content, and remaining competitive ("People Plus Machines" 2020). In parallel, societal changes are reshaping the expectations of young professionals who are entering the publishing world. New trends and interests among young people as well as cultural and language changes in the younger generations are shaping the publishing industry with a diverse spectrum, necessitating further adaptability (Walzer et al. 2019; Klaffke 2014; McCoy 2021). This is why we have - beyond what is purely caused by the technological transformation - included "Diversity and Inclusion" as a challenge.

Keeping Pace with Social Media

One of the significant challenges for companies in today's publishing industry is to understand, embrace, and effectively utilise social media for their benefit. The internet has become the primary information source for a vast majority of young professionals (Kemp 2023). As authors enjoy an amplified voice and accessibility through platforms such as Facebook, Instagram, and X (formerly Twitter), publishers are compelled to reevaluate traditional mechanisms of marketing (Taylor 2024; Johnson and Simpson 2022). A striking trend dominating the social media sphere is the growing popularity of 'BookTok', a TikTok segment thriving on the promotion of books. The impulsive purchase decisions triggered by these high-engagement platforms are seen to skyrocket sales (Currenti 2023; The Bookseller 2021; Flood 2021). However, staying attuned to these constantly changing trends, comprehending the underlying user behaviour, and continually modifying strategies to stay on top of the trend can be a difficult task for the industry.

There is a critical need for the publishing industry to consider an active omnichannel approach to social media platforms and create engaging, influential content for this young audience (Johnson und Simpson 2022). In cooperation with content creators and celebrities, publishers can use the power of influencer marketing to promote their books to a wide audience and drive sales (Hebert 2021), giving even backlist titles a second chance at the bestseller list (The Bookseller 2021). Publishers must adapt their strategies individually to fit each social media platform and keep up with the speed at which social media trends evolve.

Another challenge for traditional publishers is the rising status of self-publishers. The accessibility provided by various publishing platforms like Amazon's Kindle Direct Publishing has made it easier for authors to self-publish (Ren 2022). Publishers need to stand out if they want to have a chance in a market flooded with self-published content. Making clever use of content creators and influencers in marketing strategies can be one way of attracting a bigger readership (Hebert 2021; The Bookseller 2021; Currenti 2023).

New and Quickly Changing Technologies
With advancements in artificial intelligence (AI), machine learning, and other technological progress, the publishing landscape is witnessing a swift digital shift ("People Plus Machines" 2020; McIlroy 2023). These technologies demand substantial investments in infrastructure and skills to grasp and leverage their potential ("People Plus Machines" 2020). For instance, AI can automate aspects of publishing, including copy-editing, the creation of audiobooks, or personalised recommendations for customers. However, integrating these technologies requires training and adaptation, both in terms of financial investment and a significant shift in established operations (McIlroy 2023).

Another realm of technology impacting publishing is digitisation. Publishers must increasingly adapt to digital formats and content (e.g., e-books and Open Access publications) (Lewis 2022). While these digital delivery modes increase reach and accessibility, they also introduce challenges such as piracy, digital constraints on the reading experience, and changing revenue models (Waltham 2003; Lewis 2022).

Diversity and Inclusion
Creating a diverse and inclusive workplace has emerged as a critical requirement for companies. However, the publishing industry has conventionally been perceived as lacking demographic diversity, thereby raising questions about the representativeness of the published content (O'Brien and Arnold 2022; Booth und Narayan 2021). Hence, attracting a diverse workforce that reflects the readership's heterogeneity can be a complex task.

Primarily, it is challenging to ensure that content reflects cultural, social, and linguistic changes like the rising interest in political and LGBTQ+ topics (Garms 2023). Knowing the target group (Börsenverein 2023) and their reading interests (Chapman 2020) is important for publishers, as is knowing how and where young readers read and can be reached (Garms 2023; Sari et al. 2023). Since young professionals are closer to the young target group, they can offer valuable insights.

2.3 Unique Skills and Strengths of Young Professionals and their Benefits

Looking at the distinctive strengths of young professionals, it is clear that these traits offer significant advantages to publishers in the rapidly evolving digital world. This section aims to explore how, by addressing the challenges identified in the previous section. Young professionals can bring distinct advantages to publishers, such as being social media savvy, having the ability to adapt quickly to innovative technologies and trends, being committed to diversity and inclusivity, and having the potential to provide fresh perspectives.

One of the key strengths of young professionals lies in their ability to utilise social media platforms effectively (Flood 2021). Digital platforms such as Instagram, X (formerly Twitter) and more recently TikTok continue to grow and play an increasingly important role in publishers' marketing strategies. Young professionals, who are digital natives and have practically grown up with them, therefore have less difficulty navigating these platforms and understanding how to effectively reach and engage with this readership or target audience. They not only understand the nuances of these platforms but also know how to create engaging content and cultivate an online community, particularly among their peers. One example of this would be the previously mentioned 'BookTok' trend, in which young influencers regularly post about their favourite books on the TikTok platform, and which has led to an increase in sales figures for the advertised titles in the past (Börsenverein 2023; Currenti 2023; The Bookseller 2021). Hence, this online literacy and ingrained understanding of virtual space among young professionals could propel publishers into tapping into the potential of social media more effectively.

Young professionals exhibit an intuitive approach to technology. They display the ability to quickly grasp, adapt, and implement new digital tools and technologies that streamline workflow (Klaffke 2014). With the digital publishing landscape constantly evolving, underscored by emerging technologies such as Artificial Intelligence and Machine Learning ("People Plus Machines" 2020), the readiness of young professionals to stay abreast of new trends can keep publishers competitive and relevant.

In alignment with the global movement towards sustainability, young professionals are particularly sensitive to climate change and environmental issues (Tyson et al. 2021). As a result, they are likely to advocate for more eco-friendly practices in the industry, such as more environmentally friendly physical book printing and the reduction of packaging waste. They also value working for companies that share these ethical and environmental values. This awareness could steer the future of the industry towards more sustainable practices, which leads to a better reputation among the young target group and thus possibly higher sales (Engelstädter und Fisk 2023; Walzer et al. 2019).

Diversity and inclusivity hold considerable significance for young professionals (Booth und Narayan 2021; Jack et al. 2023; Walzer et al. 2019). Findings suggest that this demographic demands representation across all spectrums, including race, gender, and sexual orientation (Booth und Narayan 2021), aligning with societal movements advocating inclusivity, which is valuable to publishers. A more diverse workforce could be encouraged to curate content that offers different perspectives, thereby broadening a publisher's content portfolio.

Lastly, the increasing focus and awareness of issues related to diversity, equity, inclusion, and accessibility amidst young professionals (O'Brian and Arnold 2022; Jack et al. 2023) may enhance the chances for the industry to avoid biases and foster a more balanced power dynamic in author-publisher relationships, more accurately reflecting the diversity of the readership too.

2.4 Possible Hurdles for Young Professionals

Despite the potential that aspiring professionals bring to the publishing domain, multiple challenges persist. A significant issue lies in the disparity between the industry's expectations and the experience of young professionals. Substantial job expectations and reality can often form a stark contrast, particularly regarding the balance of work and life commitments or compensation and job security (Society of Young Publisher 2024; McCoy 2021). For example, young professionals value flexible work times and the option to work from home (Walzer et al. 2019; Klaffke 2014).

Entering the highly competitive publishing industry can also pose significant challenges to emerging professionals since entry-level positions are limited. Additionally, for young professionals trying to enter the industry, publishers also need to build a diverse workforce, which can lead to a conflict of interest (Booth und Narayan 2021; Jack et al. 2023).

Moreover, the hierarchical nature of the industry can present challenges in embracing authority, while also offering opportunities for intergenerational learning and collaboration (Walzer et al. 2019). Younger generations, such as Millennials and Gen Zs, often exhibit a willingness to adopt new technologies and champion diversity, which can enrich the workplace environment. However, resistance from older generations, such as Gen X and baby boomers, may hinder the smooth integration of digital innovations (McCoy 2021). Primarily, disparities could arise from various understanding and acceptance levels of digital publishing, leading to operational inefficiencies and tensions in the workplace. This juxtaposition of different generations can also serve as a tool for knowledge and expertise exchange, where both the older and younger demographics can learn from each other and grow together, promoting diversity and innovation. In essence, hierarchical structures can pose hurdles in accepting the wishes and needs of every generation, while also fostering an environment where generations with diverse expertise and attitudes toward digital technologies and modern working structures collaborate, providing avenues for mutual learning and growth (Raatikainen et al. 2023; Walzer et al. 2019; Klaffke 2014; "Bookmachine Panel" 2024).

Also, the initial lack of industry-specific networks can place young professionals at a disadvantage. While this is a universal concern for all industries at the onset of one's career, it holds particular significance in the publishing industry where connections with colleagues, authors, clients, and industry experts are vital for career advancement. However, young professionals might initially lack the networks and the confidence to form these connections, which puts them in a disadvantageous position (Dawkins 2022). However, in order to counteract the shortage of skilled workers, the way into the industry must also be paved for career changers and young professionals without much previous experience and many connections.

Digital technologies and artificial intelligence's proliferation cast a shadow of uncertainty over the future job market in publishing. Concerns regarding job automation and the need for novel skill sets often induce anxiety among young professionals worried about keeping pace with shifting industry prerequisites ("People Plus Machines" 2020; Callahan und Joseph 2023).

However, these hurdles can be surmounted. Employers play a crucial role in breaking down these barriers through a nurturing, supportive work environment. This includes clear communication of job expectations, provision of training and personal development opportunities, and cultivation of a workspace where diversity and innovation are valued. Encouraging an environment where all generations can share ideas and experiences can also reduce friction arising from generational gaps. It is evident that the publishing industry, much like others, is enduring a transformation period, and overcoming these obstacles becomes paramount in attracting and retaining the young professionals shaping its future (Muskat und Reitsamer 2020; Klaffke 2014; Walzer et al. 2019; "Bookmachine Panel" 2024).

As emerging professionals face these challenges, the publishing industry must navigate through similar transformations. Technical progress must not be ignored but must be seen as an opportunity to effectively integrate it into publishing work and products to act as a pioneer and not lag behind the digital transformation. Both young professionals and the industry will need to demonstrate resilience, flexibility, and innovation to hurdle these obstacles.

References

Bhaskar, Michael. (2020). AI and Publishing. What next?. In: *Logos, 31*, p. 13–19. https://doi.org/10.1163/18784712-03103003.

Börsenverein (2023). Junge Zielgruppen im Buchmarkt 2023. Börsenverein des Deutschen Buchhandels. https://www.boersenverein.de/markt-daten/marktforschung/studien-umfragen/junge-zielgruppen-im-buchmarkt-2023/

Booth, F., & Narayan, B. (2021). Identifying Inclusion: Publishing Industry Trends and the Lack of #OwnVoices Australian Young Adult Fiction. *Research on Diversity in Youth Literature, 2021, 3, (1), pp. 1–38.* http://hdl.handle.net/10453/148441

Callahan, C. & Joseph, S. (2023, October 19). The numbers behind how Gen Z is really using AI. Worklife. https://www.worklife.news/talent/the-numbers-behind-how-gen-z-is-really-using-ai/

Chapman, L. (2020). What are teenagers reading? An exploration into the reading lives of a class of year 9 pupils. *English in Education 54*(2), 146–160. https://doi.org/10.1080/04250494.2019.1623667

Currenti, M. (2023). TikTok as a Marketing Tool in the Hands of Publishers. *Logos, 34*(1), 24–37. https://doi.org/10.1163/18784712-03104056

Dawkins, J. O. (2022, December 29). *Gen Z lacks the communication and networking skills needed for the workforce: Companies need to train them.* Business Insider. https://www.businessinsider.com/gen-z-communication-and-networking-skills-work-2022-12

"Die Zukunft der Branche beginnt mit uns!" (2023, October 20). Das Börsenblatt. https://www.boersenblatt.net/home/die-zukunft-der-branche-beginnt-mit-uns-305865

Engelstädter, J., & Fisk, P. (2023). Sustainable and Profitable Growth in Publishing: Lessons from the 2022 Canon Future Book Forum. *Logos, 33*(4), 33–38. https://doi.org/10.1163/18784712-03104051

Flood, A. (2021, June 25). The rise of BookTok: meet the teen influencers pushing books up the charts. *The Guardian.* https://www.theguardian.com/books/2021/jun/25/the-rise-of-booktok-meet-the-teen-influencers-pushing-books-up-the-charts

Garms, J. (2023, March 29). *How Publishers are building connections with young audiences.* Digital Content Next. https://digitalcontentnext.org/blog/2023/03/29/how-publishers-are-building-connections-with-young-audiences/

Hebert, J.J. (2021, August 25). *Influencer Marketing: A Secret Weapon For Book Promotion.* Forbes. https://www.forbes.com/sites/forbesbusinesscouncil/2021/08/25/influencer-marketing-a-secret-weapon-for-book-promotion/

Jack, L., Jr, Olson, P. J., Baskin, P. K., & Iwuchukwu, O. F. (2023). Building Diversity, Equity, Inclusion, and Accessibility Capacity: Resources to Promote Best Practices Among Professionals in Scholarly Publishing. *Preventing chronic disease, 20,* E105. https://doi.org/10.5888/pcd20.230332

Johnson, M. J., & Simpson, H. A. (2022). *Social Media Marketing for Book Publishers.* Routledge.

Kemp, S. (2023, October 19). Digital 2023 October Statshot Report. *Datareportal.* https://datareportal.com/reports/digital-2023-october-global-statshot

Klaffke, M. (2014). Millennials und Generation Z – Charakteristika der nachrückenden Arbeitnehmer-Generationen. In M. Klaffke (Ed.), *Generationen-Management: Konzepte, Instrumente, Good-Practice-Ansätze* (pp. 57–82). Springer Gabler. https://doi.org/10.1007/978-3-658-02325-6_3

Lewis, D. W. (2022). Digital Publishing's Four Challenges. *The Journal of Electronic Publishing* 25(1). https://doi.org/10.3998/jep.2012

McCoy, A. H. (2021). Millennials' Future Employment Expectations and Challenges. *Walden Dissertations and Doctoral Studies*. 11006. https://scholarworks.waldenu.edu/dissertations/11006

McIlroy, T. (2023, December 15). *How Publishers Can Navigate the AI Revolution*. Publishers Weekly. https://www.publishersweekly.com/pw/by-topic/digital/content-and-e-books/article/93963-how-publishers-can-navigate-the-ai-revolution.html

Muskat, B. & Reitsamer, B. F. (2020). Quality of work life and Generation Y: How gender and organizational type moderate job satisfaction. *Personnel Review* 49(1), 265–283. https://doi.org/10.1108/PR-11-2018-0448

Naim, Mohammad Faraz: Managing Generation Z in Gig Economy: Towards an Integrative Framework of Talent Management. In: Sustainability in the Gig Economy, p. 293–303. Springer: 2022. https://doi.org/10.1007/978-981-16-8406-7_22.

O'Brien, A. & Arnold, S. (2022). Creative industries' new entrants as equality, diversity and inclusion change agents? *Cultural Trends*. https://doi.org/10.1080/09548963.2022.2141100

People Plus Machines: The role of Artificial Intelligence in Publishing. (2020, October 7). The Publishers Association. https://www.publishers.org.uk/publications/people-plus-machine

Raatikainen, E., Savolainen, T., Järvensivu, A., Isacsson, A., Simola-Alha, N. & Heinilä, H. (2023). Trust at work – described by young professionals in the early stages of their careers. *Higher Education, Skills and Work-Based Learning* 13(6), 1037–1053. https://doi.org/10.1108/HESWBL-04-2022-0093.s/

Ren, Xiang. Understanding the Digital Publishing Economy: From eBook Disruption to Platform Ecosystem. In: The SAGE handbook of the digital media economy. SAGE Publications Ltd. 301–324. 10.4135/9781529757170

Rodzvilla, John. (2023) What Outfit Shall the Protagonist Wear? In: *LOGOS (34) Ausgabe 2*. p. 26–39. https://doi.org/10.1163/18784712-03104064.

Sandhir, R. (2022, November 14). *"How Social Media is Transforming The Publishing Industry"*. LinkedIn. https://www.linkedin.com/pulse/how-social-media-transforming-publishing-industry-roopa-sandhir-

Sari, I. P., Karina, J., Angraini, J. R., & Badriyah, L. (2023). The Effect of Gadgets On The Development of Interest In Reading. *International Journal of Education and Teaching Zone*, *2*(1), 156–169. https://doi.org/10.57092/ijetz.v2i1.109.

Society of Young Publisher. "Bookmachine Panel: How to Lead Now: Millennials in management and Gen Z in the workforce." (January 2, 2024). https://thesyp.org.uk/2024/01/bookmachine-panel-how-to-lead-now-millennials-in-management-and-gen-z-in-the-workforce/. [24.10.2024]

Taylor, M. The Role of Social Media in Self-Publishing: How It's Shaping the Industry. (September 18, 2024). Spines. https://spines.com/the-role-of-social-media-in-self-publishing/

The Bookseller. "Meet the BookTokers giving backlist titles a shot in the arm through the pandemic". (2021, July 2). https://www.thebookseller.com/features/meet-booktokers-giving-backlist-titles-shot-arm-through-pandemic-1267152

Tyson, A., Kennedy, B. & Funk, C. (2021, May 26). *Gen Z, Millennials Stand Out for Climate Change Activism, Social Media Engagement With Issue*. Pew Research Center. https://www.pewresearch.org/science/2021/05/26/gen-z-millennials-stand-out-for-climate-change-activism-social-media-engagement-with-issue/

Waltham, M. (2003). Challenges to the role of publishers. *Learned Publishing*, *16*(1), 7–14. https://doi.org/10.1087/095315103320995032

Walzer, D., Thomas, P.M. & Fliegen, I. (2019). Young Professionals: Gewinnen – Halten – Weiterentwickeln. In Walzer, D. (ed.), *Young Professionals gewinnen, halten, weiterentwickeln: Zukunftsfähige Mitarbeiterbindung von Nachwuchskräften* (pp. 83–126). Springer Gabler. https://doi.org/10.1007/978-3-658-26875-6_2

3

Understanding the Perspectives of Young Professionals in Publishing

Alicia Bopp, Sandra Ritzinger and Laura Zinganell

3.1 Introduction

Navigating the expectations and perspectives of young professionals in the publishing industry requires an understanding of their priorities, aspirations, and the challenges they face as part of a digitally evolving job market. These individuals seek more than just financial compensation; they also desire work-life balance, opportunities for personal and professional development, and a workplace that values technology, diversity,

---

A. Bopp (✉)
Johannes Gutenberg University Mainz, St. Leon-Rot, Deutschland
E-Mail: abopp@students.uni-mainz.de

S. Ritzinger
Johannes Gutenberg University Mainz, Offenburg, Deutschland
E-Mail: sritzing@students.uni-mainz.de

L. Zinganell
Johannes Gutenberg University Mainz, Leun, Deutschland
E-Mail: lzingane@students.uni-mainz.de

© Der/die Autor(en), exklusiv lizenziert an Springer Fachmedien Wiesbaden GmbH, ein Teil von Springer Nature 2025
L. Gürtler et al. (Hrsg.), *Young Professionals in Publishing – Nachwuchskräfte im Verlagswesen*, https://doi.org/10.1007/978-3-658-45330-5_3

and inclusivity. The global shift towards flexible working arrangements underscores the changing nature of productivity and job satisfaction. Theoretical frameworks, such as Maslow's hierarchy of needs and Herzberg's Two-Factor Theory, offer insights into these evolving expectations, emphasising the importance of aligning individual desires with organisational goals. The role of Human Resource practices becomes crucial in this regard, as effective strategies for recruitment, training, and career development are key to meeting the needs of young professionals. Moreover, the concept of fair compensation goes beyond mere salary, encompassing a broader spectrum of benefits that address financial stability and career progression. This reevaluation of remuneration models is essential to create an environment where young professionals feel supported and valued. This chapter explores the expectations of young professionals entering the publishing sector and outlines an overview of what emerging professionals seek in their work environment to increase their motivation, engagement, and productivity.

3.2 The Expectations of Young Professionals

The aspirations of the younger workforce are shaped by the rapidly changing digital landscape and the emerging trends in the job market. This generation is not merely driven by monetary incentives such as fair compensation but seeks a broader spectrum of work benefits, including work-life balance and career progression, among others (Bulinska-Stangrecka und Naim 2021).

A good work-life balance is a fundamental expectation among young professionals. In an industry that often demands long hours and high levels of commitment, the ability to maintain a healthy balance between occupational responsibilities and personal life is of considerable significance. The option for home office and remote work as well as flexible working hours is a significant factor in achieving a work-life balance. The COVID-19 pandemic has accelerated the shift towards remote work, and young professionals have largely embraced this new norm, as studies reveal (Amalia 2023; Börsenblatt 2022). Flexible hours offer them the autonomy to manage their time and tasks effectively, thus contributing to improved productivity and job satisfaction.

Emerging professionals also anticipate career development and growth opportunities. They are drawn towards roles that open avenues for progress and prefer employers who support and invest in their skill development (Bulinska-Stangrecka und Naim 2021). They find value in learning prospects such as skill-enhancing workshops, training sessions, or additional education (Naim 2022). They understand the value of building a robust professional network for career progression and seek employers who can provide such occasions. The chances to collaborate on projects, attend industry conferences, or engage with successful authors and editors are particularly appealing.

Moreover, young professionals demand appropriate compensation for their work, including considerations for accrued overtime. They recognise their value in the digital age and expect remuneration that reflects their skills and contributions and covers the cost of living in the often expensive cities where publishers are based (Börsenblatt 2023; Minge 2023). This applies not only to permanent positions but also to internships, part-time jobs, and traineeships.

Their work environment significantly affects their motivation. They seek technologically advanced, comfortable, and inclusive workspaces. A positive work culture, characterised by mutual respect, open communication, diversity, and corporate responsibility, can significantly enhance job satisfaction (Nazarian et al. 2017). Hereby, appreciation of good work is just as important as fair remuneration.

As observed, the expectations of emerging professionals within the publishing industry are broad and varied. Taking into consideration and adequately addressing these expectations could assist publishers in attracting and retaining young talent, thereby encouraging innovation and growth within the sector.

3.3 Addressing the Needs and Concerns of New Employees

Maslow's Hierarchy of Needs provides a valuable framework for understanding employees' needs as empirically observed. This theory posits that individuals have five levels of needs: physiological, safety, love/belonging, esteem, and self-actualisation (Maslow 1943). These needs can be mapped to the context of emerging professionals for example as base salary/working conditions, job security/safe working conditions, a supportive working atmosphere/quality of supervision, acknowledgement of their abilities and efforts, and prospects for both personal and professional growth (Offiong 2009 as cited in Ihensekien und Chukwuyem Joel 2023).

In conjunction with this, Herzberg's Two-Factor Theory offers an additional viewpoint for understanding the requirements of these professionals (Herzberg et al. 1959). This theory distinguishes between hygiene factors that can cause dissatisfaction if not fulfilled (such as working conditions, interpersonal relationships, and salary), and motivation factors that lead to job satisfaction (such as achievement, recognition, and the intrinsic value of work itself) (Hersey and Ken 1993 as cited in Ihensekien und Chukwuyem Joel 2023). These factors are highly relevant to the publishing industry, where the nature of work can be highly demanding. By implementing these needs or rather these hygiene factors, the dissatisfaction of employees can be avoided while promoting job satisfaction.

Yet, reconciling emerging professionals' needs with organisational demands necessitates precision. It is vital to address the requirements and concerns of employees while also ensuring strategic alignment with organisational objectives, financial constraints, and wider industry trends. This equilibrium is not a static point, but rather a dynamic process demanding continual adjustment and review.

In formulating this equilibrium, Human Resource practices play a pivotal role from the recruitment and onboarding stages to training, performance management, and career development (Ybema et al. 2020). The challenge for HR lies in translating the needs and concerns of young professionals into effective HR practices, whether it be transparent recruitment processes, flexible working arrangements, comprehensive training programs, or fair and transparent performance evaluation processes (Naim 2022).

In addressing the needs of emerging professionals in general, two aspects are key. Firstly, there is a necessity for a profound comprehension of their motivations and expectations. Secondly, effective HR strategies must be deployed. In times of skill shortages, it is up to publishers and media companies to approach young talent and adapt to their requirements in order to remain competitive with other companies and industries that have long since recognised and aligned themselves with them. Maslow's and Herzberg's theories are beneficial tools for comprehending these needs. Nonetheless, their application mandates careful consideration of the distinctive features of the publishing industry and the individual requirements of the next generations of employees.

References

Amalia, Rahmatika Sari: Career Choice on Gen Y & Z After the Pandemic Covid 19. A Social Cognitive Career Theory. In: Proceedings of the Conference of Psychology and Flourishing Humanity (PFH 2022), Atlantis Press 2023, p. 265–279. 10.2991/978-2-38476-032-9_27.

Börsenblatt: Studie zu Young Professionals (9. Dezember 2022), URL: https://www.boersenblatt.net/news/personalia/mobiles-arbeiten-sehr-gewuenscht-266413?ss360SearchTerm=berufseinsteiger. [09.01.2024]

Börsenblatt: Die Zukunft der Branche beginnt mit uns! (20. Oktober 2023) https://www.boersenblatt.net/home/die-zukunft-der-branche-beginnt-mit-uns-305865. [09.01.2024].

Bulinska-Stangrecka, Helena/ Naim, Mohammad Faraz: Brace Up for the New Generation: Decoding the Psychological Contract Expectations of Gen Z in a Digital World. In: Redefining the Psychological Contract in the Digital Era, p. 285–296. Springer Cham: 2021. https://doi.org/10.1007/978-3-030-63864-1_15.

Herzberg, Frederick/ Mausner, Bernard/ Bloch Snyderman, Barbara: Motivation to Work. New Brunswick/London: Transaction Publishers: 1959. https://books.google.de/books?hl=de&lr=&id=xpsuDwAAQBAJ&oi=fnd&pg=PR12&ots=CghfD2L8fe&sig=JcwJ0B1yPl1toac7VLe051NaqJ8&redir_esc=y#v=onepage&q&f=false.

Ihensekien, Orobosa A./ Chukwuyem Joel, Arimie, : Abraham Maslow's Hierarchy of Needs and Frederick Herzberg's Two-Factor Motivation Theories: Implications for Organizational Performance. In: The Romanian Economic Journal (Year XXVI no. 85), 2023, p. 32–49. https://doi.org/10.24818/REJ/2023/85/04.

Jan Fekke Ybema, Tinka van Vuuren, Karen van Dam: HR practices for enhancing sustainable employability: implementation, use and outcomes. In: The International Journal of Human Resource Management, 31(7), 2020, p. 886–907. https://doi.org/10.1080/09585192.2017.1387865

Maslow, Abraham: A theory of human motivation. In: Psychological Rev.(50/4), 1943, p. 370–396. URL: https://www.academia.edu/9415670/A_Theory_of_Human_Motivation_Abraham_H_Maslow_Psychological_Review_Vol_50_No_4_July_1943.

Minge, Lea: Wandel auf dem Arbeitsmarkt in vollem Gange. Generation Z – Darum fordern sie mehr Gehalt. In: Gründer 21.12.2023, URL: https://www.gruender.de/hr-office/generation-z-gehuender.de.

Naim, Mohammad Faraz: Managing Generation Z in Gig Economy: Towards an Integrative Framework of Talent Management. In: Sustainability in the Gig Economy, p.293–303. Springer: 2022. https://doi.org/10.1007/978-981-16-8406-7_22.

Nazarian, Alireza/ Soares, Anabela/ Lottermoser, Benjamin: Inherited organizational performance? The perceptions of generation Y on the influence of leadership styles. In: Leadership & Organization Development Journal, 12.09.2017. https://doi.org/10.1108/lodj-05-2016-0119.

4

Creating an Appealing Work Environment for Young Professionals

Lena Burfien, Emma Busch, Lisa Gürtler, Joanna Rietl and Klara Weckert

4.1 Introduction

The evaluation of human resource strategies has become necessary due to technological advancements and the changing demographics of the workforce. Central is of course the establishment of an engaging work environment that aligns with the evolving lifestyles and preferences of the

---

L. Burfien (✉)
Johannes Gutenberg University Mainz, Hannover, Deutschland
E-Mail: lburfien@students.uni-mainz.de

E. Busch · L. Gürtler · J. Rietl
Johannes Gutenberg-Universität, Mainz, Deutschland
E-Mail: embusch@students.uni-mainz.de; lguertle@students.uni-mainz.de; jrietl@students.uni-mainz.de

K. Weckert
Johannes Gutenberg University Mainz, Schlüsselfeld, Deutschland
E-Mail: kweckert@students.uni-mainz.de

© Der/die Autor(en), exklusiv lizenziert an Springer Fachmedien Wiesbaden GmbH, ein Teil von Springer Nature 2025
L. Gürtler et al. (Hrsg.), *Young Professionals in Publishing – Nachwuchskräfte im Verlagswesen*, https://doi.org/10.1007/978-3-658-45330-5_4

workforce. This environment promotes flexibility, champions diversity and inclusivity, and fosters innovation. Supporting the professional development of employees through targeted progression plans and continuous learning opportunities is also pivotal for attracting and retaining young talent. Moreover, the modernisation of recruitment procedures and the creation of agile career pathways are essential to ensure the seamless integration and retention of talent. Tailoring job advertisements to be more inclusive and transparent, and adopting flexible approaches to both recruitment and onboarding processes, reflect a growing trend towards accommodating the diverse needs of new entrants.

As Lysenko und Yaroshenko (2020) point out, employers must recognise and adapt to the new expectations and ways of working of young professionals. This refers not simply to technological and operational advancements but also to changes in how young professionals wish to interact, learn, and progress in their career paths. Publishers should re-evaluate current practices and shift towards more agile, inclusive, and development-focused approaches to recruitment and retention.

4.2 Modernising Hiring and Career Entry Processes

There has been a recent transformation in human resource methodologies, driven by the rise of digital technology and the shifting views, attitudes, and values of young professionals entering the job market (Fischerova und Pubalova 2018). This section covers the evolution of these procedures, highlighting inclusive and detailed job advertisements, structured interview protocols, and agile onboarding initiatives particularly tailored to young professionals.

The first step in modernising any hiring process begins with the advertisement of job opportunities. Old-fashioned, traditional descriptions may no longer appeal to the younger generation. They are no longer satisfied with just a job title and defined roles, but seek detailed presentations of potential career pathways, outlining opportunities for personal growth and development. A modern job advertisement will specify not just the roles and responsibilities, but also expectations and performance indicators. Moreover, inclusivity should not just be a buzzword, but practised in reality – advertisements should promote diversity, explicitly stating that applicants from different backgrounds are welcome (Behavioural Insights Team 2023). This approach not only widens the talent pool but fosters a heterogeneous environment.

Additionally, recruitment advertisements should present a reasonable list of expectations (Behavioural Insights Team 2022). There is a prevalent tendency among some recruiters to overstate the requirements of a role with the assumption that this will increase applications. However, this can deter potential candidates who might match the actual role requirements but are discouraged by exaggerated requisites. Conversely, it is important that publishers accurately communicate what is being asked of the person applying for the position to ensure that they attract suitable applicants.

A 2022 study by the Behavioural Insights Team has shown that willingness to apply to jobs is often reliant on how well the applicants fit the job description listed in the advertisement. Additionally, the study found that gender can also affect applicants' decision-making, with female applicants being more likely to apply for a position when they fulfil most of all criteria, while their male counterparts tend to apply when they meet fewer requirements (Behavioural Insights Team 2022). This is an issue that should be taken into consideration when drafting job descriptions for open positions, as accurate descriptions are most likely to attract suitable applicants of all genders. Furthermore, in a survey into gender equality in the German publishing and book trade sector, Fröhlich noted a significant gender imbalance, with women facing poorer career conditions and unequal opportunities, despite their numerical majority. Fröhlich argues for early encouragement, mentorship, and regulatory measures to address these disparities (Fröhlich 2014).

Salary transparency in job advertisements is another key factor that appeals to today's young professionals (Hering 2023). Rarely outlined in job posts, salary ranges are often vague or non-existent. However, the inclusion of a clear salary range promotes transparency from the outset. Prospective applicants can identify whether the compensation matches their expectations before proceeding with an application, eliminating potential disappointments or even disconnections for both parties later in the hiring process. It goes without saying that this also applies to calls for applications for paid internships.

The ability to seamlessly manage the hiring process is another significant aspect, especially in this digital age. Efficient and time-sensitive communication, usage of digital platforms for assessments and interviews, as well as maintaining a personal touch throughout the process are prerequisites for a positive hiring experience. As Fischerova und Pubalova (2018) rightly pointed out, it is not just about being able to adapt to new realities, but also about building trust and engaging stakeholders, in this case, potential employees. Online job interviews have seen a steep increase these past few years, driven by necessity and technological advancements. These have the advantage of bypassing geographical barriers and enabling a flexible, accessible environment for candidates, which resonates well with the expectations of Generation Y and Z who value flexibility. However, to respect candidates' time, employers should limit the process to a maximum of two interviews.

Implementing attractive and agile onboarding processes is also critical to successful hiring and career entry, as this sets the tone for an employee's experience within an organisation and facilitates the smooth transition of young professionals into their roles. Generic one-size-fits-all onboarding procedures may no longer suffice. Employers need to take a more personalised approach to meet the needs and expectations of their new hires. Those who have publishing experience or completed internships should have alternative onboarding opportunities. It is likewise important to ensure fair recognition of experience and skills gained outside conventional publishing roles. Experience should be evaluated by its relevance and transferability of skills, rather than traditional parameters such as years spent in publishing-specific roles.

Career entry opportunities should be flexible and agile. Traditional roles and paths that were once rigid should be substituted with responsive corporate structures that promote job rotation or transfers, encourage innovation and internal entrepreneurship, and support creative problem-solving. These strategies not only meet the dynamic needs of young professionals, but they also foster productivity, innovation, and organisational resilience. Inflexible career entry opportunities are disadvantageous to students or individuals veering into new career routes, who often encounter hurdles under traditional recruitment systems due to their lack of industry-specific experience. It becomes crucial then for publishing houses to provide alternative onboarding opportunities for such individuals. For instance, stints as an editorial assistant or intern can provide much-needed exposure and hands-on experience to newcomers.

However, this aspect should also be critically considered: it is precisely this accumulation of poorly paid stages, from internships to traineeships to junior positions until the final securement of a decently paid full-time position, that drives young professionals into other sectors with fairer entry processes. This explains the current calls to end traineeships, especially unpaid placements, reduce the number of junior positions, and award full-time positions to applicants with less than three years' experience.

Adapting to these changes, as Fischerova und Pubalova (2018) have emphasised, requires strategic leadership. Leaders must fully comprehend the desires and expectations of young professionals, and process these into their human resource strategies. By doing so, not only do they attract the best talent, but they also place themselves in a significantly stronger position to retain them in the long term.

In summary, modernising hiring processes, redefining job roles and advertisements, digitising and personalising recruitment procedures, and implementing agile onboarding and career entry opportunities are integral steps toward meeting the challenges and expectations of young professionals in today's publishing job market. Such changes incentivise job candidates, increase their performance, and consequently, add wealth to the organisations (Fischerova und Pubalova 2018). Implementing these changes is no longer a matter of choice, but a necessary step towards a more progressive and productive workforce in publishing.

4.3 In Particular: Implementing Attractive Onboarding; Traineeships

It goes without saying that any onboarding process for new employees should be designed transparently and in collaboration with new employees. For this, it is necessary not only to plan new employees' tasks and responsibilities and grant them enough time to get to know their new work environment and co-workers but to involve new employees in shaping their onboarding process. In contrast, welcoming new employees without a detailed onboarding plan may cause an unorganised work environment and lead to new employees feeling stressed, overwhelmed, and unsatisfied with their new position.

At the heart of any successful onboarding program lies the decision to invest in the human potential of the company. As Liebermeister reports in her article *Gen Z in der Arbeitswelt: Nicht schlechter, nur anders,* members of Generation Z are often described as less capable and less enthusiastic employees than their older counterparts (Liebermeister 2023). However, Liebermeister notes that Generation Z showcases the same amount of willingness as previous generations. This observation highlights the importance of introducing roles that can progressively encourage greater responsibility. To capitalise on the fresh perspectives of young professionals, it is essential that trainees are entrusted with their own projects. Giving trainees the autonomy and responsibility to manage their workload validates their contributions and builds their confidence (AG Nachwuchsrechte des Junge Verlags- und Medienmenschen e. V. 2022). Therefore, a proactive publishing company should not merely employ trainees to carry out mundane tasks but should mentor them toward higher-level responsibilities through a series of progressively complex projects. An organic growth in tasks and expectations allows trainees to gain confidence, cultivate their skills, and actively contribute to the publishing process.

Interestingly, the ability to allow trainees the choice to shift their project focus based on their areas of interest and expertise can also be beneficial. This customisable training experience not only allows the trainees to identify their strengths but also reduces the churn rate in the early stages of recruitment. Effective onboarding provides job-specific instructions and also includes education about the organisation's culture, values, policies, and performance expectations. For this to be effective, it is crucial to provide regular feedback, a training plan, and a dedicated mentor, which, in conjunction with a welcoming atmosphere, can help decrease new recruit anxiety, promote their performance, and potentially boost retention rates (AG Nachwuchsrechte des Junge Verlags- und Medienmenschen e. V. 2022).

Organising and structuring traineeships transparently, and with clear and concise communication, also plays an essential role in retaining young professionals (AG Nachwuchsrechte des Junge Verlags- und Medienmenschen e. V. 2022). Articulating the possible integration into the company can have a significant impact on a trainee's decision to stay with the organisation. From the start and during the traineeship, young professionals need to be provided with an overview of their career prospects in the organisation; this motivates them to perform well and extends their commitment period. Many publishing companies, such as Penguin Random House, introduce their trainees to different departments within the organisation to expose them to various career paths and opportunities available. This comprehensive approach facilitates better career decisions and strengthens the commitment and dedication of new hires to the company.

Providing structured mentoring programs is another crucial aspect. Young professionals entering publishing often seek guidance to navigate this complex industry. By pairing incoming employees with industry-experienced mentors, companies can promote the transfer of knowledge, skills and organisational culture. A well-structured mentoring program can also facilitate networking, offer career guidance, and improve job satisfaction (Stumpf and Fielding 2023).

Lastly, networking opportunities are a powerful tool to boost the trainee's networking and professional development (AG Nachwuchsrechte des Junge Verlags- und Medienmenschen e. V. 2022). Allowing and encouraging trainees to attend industry events infuses a sense of belonging, thereby enhancing their industry knowledge, confidence, and commitment towards their work. Encouraging participation in industry events, for instance, serves a twofold purpose. Not only does it render new, fresh industry perspectives, but it also globalises the understanding of young professionals regarding the current and possible future developments in the world of publishing.

However, in the long term, a strong case is being made for the abolition of multi-year publishing traineeships. In fact, there is evidence that a career in publishing does not require an internship, provided that relevant knowledge or experience has been gained elsewhere. Since publishing degree programs in the UK and Germany increasingly focus on teaching practical skills, graduates can secure direct entry into jobs without a long training period. Traineeships in publishing, therefore, can be contrasted with other sectors where the course of study is much less practice-oriented, allowing learning on-the-job in a full-time position and commanding a much higher salary than a traineeship. Traineeships have another disadvantage in that the trainee only learns the publishing processes and programs of the respective publishing house and may have to be retrained if they move to another publishing house. Thus, placing an unnecessary barrier of traineeships, when alternatives could be more appropriate, could deter potential bright, young talent from choosing the field altogether.

4.4 More General and Beyond the Purely Operational: Strategies for Creating an Inviting Work Environment

The working environment significantly influences attitudes, behaviours, and performance (Zhenjing et al. 2022); this subchapter presents some strategies that can be employed by publishers to create an inviting and stimulating workspace.

Offering remote work and flexible hours is seen as vital in today's digital age. Technology has facilitated the transition to remote work and has demonstrated that physical presence in an office is not always required for productivity or team cohesion. Therefore, offering flexible hours and part-time remote working options creates a more adaptable environment for young professionals (Stumpf and Fielding 2023). This adaptability is particularly attractive to individuals with specific personal needs, especially anyone with a health problem or disability, and can help people who might otherwise endure long commuting times, or have other responsibilities. This does not just apply to part-time work but also includes scenarios where employees are able to work entirely remotely. Employers must perceive such flexibility as a standard industry offering, rather than special accommodation.

That said, remote working does not absolve organisations from investing in attractive and technologically equipped in-house workplaces. A vibrant and functional work environment significantly impacts employee creativity, productivity, and motivation (Zhenjing et al. 2022). Providing state-of-the-art laptops, collaboration software, ergonomic furniture, and other relevant technical enablers can promote a high-performance work culture. Moreover, designing spaces for collaboration and recreation can stimulate innovative thought processes, and foster a sense of community among employees.

Young professionals today value work-life balance and flexibility. They are more likely to stay with a company that offers a less rigid work schedule, recognising the need for downtime and personal commitments. Therefore, companies should consider working weeks which are less than 40 hours, flexible start and end times, and the possibilities of part-time work. These adjustments not only provide flexibility but have been proven to increase overall productivity, job satisfaction, and employee retention rates (Stumpf and Fielding 2023).

The ability of companies to thrive in a contemporary global marketplace is directly linked to their capacity to embrace diversity and inclusivity. Research has consistently shown that diverse teams often deliver better results due to an array of perspectives and ideas, fueling creativity and innovation (Aderibigbe 2021). Employers should actively foster an inclusive work environment that welcomes employees of diverse backgrounds, including, but not limited to, age, gender, ethnicity, nationality, disability status, and experience. This can be done through transparent practices that support equal opportunity, diversity-focused HR policies, and fostering an organisational culture of respect and acceptance (Behavioural Insights Teams 2022).

However, each generation comes with its own set of work ethics, expectations, and preferences (Lysenko und Yaroshenko 2020). Therefore, creating an inviting, versatile work environment that adjusts and adapts to the needs, skills, and demands of various generations is the key to retention. A working system that is agile, open to innovation, and acknowledges and incorporates diversity – not just in terms of age but also skill, knowledge, and perspective – will create a more harmonious and productive work culture.

4.5 Ensuring Fair Compensation

One of the most pressing concerns for young professionals entering the publishing industry is the issue of fair compensation. As the industry continues to evolve, it is vital to reassess traditional compensation models to ensure that they reflect the current realities of the job market and the skills and strengths of young professionals. Equally important is the need to address the perceptions and expectations of young professionals regarding fair compensation, which can significantly influence their job satisfaction, motivation, and career decisions (Osman et al. 2017).

When starting a career, young professionals often face financial challenges due to student loans or other obligations. Although salary plays a pivotal part in remuneration, it represents only one element of a comprehensive package. Modern-day professionals in the publishing sector hunt for more than simply a fair income – many aim for financial stability, appealing healthcare and retirement benefits, as well as a paid pathway for career evolution (AG Nachwuchsrechte des Junge Verlags- und Medienmenschen e. V. 2022).

As explained, traineeships (or internships) are the typical entry point for young professionals into publishing. The aspect of fair payment for trainees is therefore important to attract new talent. Consideration should be given to the fact that interns often have to relocate for the internship, which is why remuneration should make it possible to pay the rent at the respective publishing location (Börsenblatt 2023; Minge 2023). For this reason, and because full-time interns should receive a full-time wage, an internship should pay at least minimum wage (AG Nachwuchsrechte des Junge Verlags- und Medienmenschen e. V. 2022). Irrespective of their position in the organisation, no employee should be subjected to unpaid overtime. It is recommended that compensation is not limited to financial incentives – particularly during the trainee phase. Consideration of varied offerings such as Christmas/holiday bonuses, educational subsidies, performance-based increments, and travel allowances can contribute significantly to job satisfaction. Such measures further foster a sense of belonging and appreciation among the young professionals, stimulating their motivation. In addition, non-financial benefits can also significantly contribute to job satisfaction and loyalty among young professionals (Acheampong 2020). Thus, while financial incentives are tangible motivating factors, non-monetary benefits are equally necessary and might include workplace flexibility, continuous learning opportunities, mentoring programs, career development programs, and a rewarding work-life balance. For example, Google is widely recognised for its remarkable retention strategies and can be seen as a model that other organisations can learn from. While Google provides competitive salaries, they also offer non-financial benefits such as fitness and wellness services, innovative and comfortable workspaces, and an employee-friendly and inclusive company culture. These benefits are equally, if not more, persuasive for young professionals who are not just interested in their paycheck, but also in a rewarding and fulfilling work environment – which can be afforded not only by a tech giant but also by a publisher.

In summary, fair remuneration practices that encompass more than salary are crucial considerations for emerging professionals. Organisations must take a holistic approach to compensation by incorporating non-monetary benefits to create an equitable work environment that attracts and retains talented individuals. By ensuring fair remuneration, organisations can elevate employee welfare, and job contentment, gain a competitive advantage in talent acquisition, and foster a productive, motivated, and loyal workforce (Osman et al. 2017).

4.6 Supporting Professional Development and Growth

The role of professional development and growth opportunities in attracting, retaining, and motivating young professionals cannot be overstated (Stumpf and Fielding 2023). However, improving an individual's professional development is a complex process that requires more than a generic, traditional progression chart. As stated by Fischerova and Pubalova, it is necessary to evaluate and understand the values, needs and interests of young professionals (Fischerova und Pubalova 2018). For advancement to be effective, it must be personalised and tailored, addressing an individual's strengths, weaknesses, aspirations, and challenges.

The concept of an individual approach to Talent Progression is paramount in achieving professional development and growth. Goal setting and progress tracking play vital roles in promoting young professionals' career growth. Smart (Specific, Measurable, Achievable, Relevant, Time-bound) targets are highly effective, especially when they align with organisational objectives (Teammanagement n.d.). Assigning tasks and projects that utilise an individual's developed skills provides a platform for the application of new competencies. Monitoring progress and offering timely constructive feedback encourages continued development, while recognition and rewards reinforce the value of professional growth.

Performance reviews serve as a means of establishing clear communication lines between superiors and young professionals in the publishing sector as elsewhere. The most productive reviews include consistent feedback and reflection, equipping employees with valuable insights into their performance – which, in turn, acts as a catalyst for personal growth (Acheampong 2020). Employees should feel as though they are a valued, integral part of the company. It should therefore be a priority for employers to provide and promote an open and diverse corporate culture (Liebermeister 2023). This may be accomplished by maintaining open and honest communication, alongside the implementation of an incentives programme. Appreciation and feedback for good work are indispensable to best practices in human resource management, promoting motivation and ensuring professional growth. They expect their employers to acknowledge their contributions and provide regular feedback in one-on-one sessions to ensure they are heading in the right direction. By doing this, companies can be confident that their employees feel heard and understood, thereby fostering a strong sense of belonging and motivation, crucial factors in retaining personnel. Furthermore, employers who demonstrate their appreciation of employees' contributions help them to actualise their potential.

In addition to in-house talent progression measures, external workshops, and training courses can also serve as a good source of professional development (AG Nachwuchsrechte des Junge Verlags- und Medienmenschen e. V. 2022). These training opportunities impart valuable knowledge, nurture creative thinking, and provide hands-on experience that can prove beneficial in a rapidly digitising publishing industry. Thus, participation in relevant seminars or conferences should be funded by the company. This will cultivate a culture of continued learning and emphasise the value placed on professional development.

One example of how this can be organised is shown by Carlsen Verlag, a German-language children's book publisher, which has started to offer its employees a 'Professional Development Day' (Carlsen Verlag GmbH July 2024). The publishing house provided an opportunity for all employees to attend keynote events, training programs, seminars, or a workshop of their choice while counting it as a workday. Such initiatives not only ensure a workforce that keeps abreast of new learning and skills but also emphasises the company's commitment to its employees' development.

It is also important to recognise and even facilitate time for self-improvement; companies should consider paying for classes, such as language courses, that can prove beneficial to the job. Additionally, time spent at conferences, seminars, and book events could be considered as part of the working day, fostering a culture whereby self-improvement and industry engagement is recognised as being part of the job and not something that must be done 'after hours' (AG Nachwuchsrechte des Junge Verlags- und Medienmenschen e. V. 2022).

Supporting young professionals in the publishing industry through professional development and growth, therefore requires a multi-faceted approach. Professional development is not only advantageous for the individual employee. The publishing industry stands to benefit enormously by gaining a workforce that is continuously evolving, learning, and adapting to new norms and technologies in the field. When viewed from this perspective, the investment in professional development becomes all the more crucial. Through targeted talent progression measures, consistent performance reviews, provision of enriching workshops and training programs, and investing in the employee's development beyond working hours, the publishing industry can begin to navigate the challenges of retaining young talent.

References

Acheampong, Nana Amma A. : Reward Preferences of the Youngest Generation: Attracting, Recruiting, and Retaining Generation Z into Public Sector Organizations, 2020. DOI: 10.1177/0886368720954803

Aderibigbe, J.K. (2021). The Dynamism of Psychological Contract and Workforce Diversity: Implications and Challenges for Industry 4.0 HRM. In: Coetzee, M., Deas, A. (eds) Redefining the Psychological Contract in the Digital Era. Springer, Cham. https://doi.org/10.1007/978-3-030-63864-1_13

AG Nachwuchsrechte des Junge Verlags- und Medienmenschen e. V. Leitfaden für ein gutes Volontariat. (Juli, 2022). Junge Verlags- und Medienmenschen. https://www.jungeverlagsmenschen.de/volo-leitfaden/

Behavioural Insights Team: Strategies to improve workforce diversity in the public sector. (May, 22th 2022). https://www.bi.team/publications/strategies-to-improve-workforce-diversity-in-the-public-sector/

Behavioural Insights Team: How to improve workplace equity: Evidence-based actions for employers. (March, 16th 2023). https://www.bi.team/publications/how-to-improve-workplace-equity-evidence-based-actions-for-employers/

Börsenblatt: So ticken die Nachwuchskräfte im Buchhandel. Börsenverein des deutschen Buchhandels 2023. URL: https://www.boersenblatt.net/news/buchhandel-news/so-ticken-die-nachwuchskraefte-im-buchhandel-290675.

Carlsen Verlag GmbH (July, 2024): "Letzte Woche fand unser jährlicher Carlsen Campus unter dem Motto"Flow Forward" statt. Für einen Tag wurde unser Verlag geschlossen…" [Post]. LinkedIn. https://www.linkedin.com/posts/carlsen-verlag-gmbh_letzte-woche-fand-unser-j%C3%A4hrlicher-carlsen-activity-7218587771261566976-EcjM?utm_source=share&utm_medium=member_desktop

Elena Lysenko, Anastasia Yaroshenko: Using Theory of Generation for Attraction and Retention of Young Professionals. In: 16th European Conference on Management, Leadership and Governance, 2020, p. 138–149. DOI: https://doi.org/10.34190/ELG.20.054.

Hering, Anna. Gehaltsangaben in Stellenanzeigen liegen im Trend –Deutschland ist Schlusslicht bei Gehaltstransparenz. (Juli 5, 2023). Hiringlab. https://www.hiringlab.org/de/blog/2023/07/05/gehaltstransparenz-deutschland-usa-uk-frankreich/

Liebermeister, Barbara: Gen Z in der Arbeitswelt: Nicht schlechter, nur anders. Buchreport, 2023. URL: https://www.buchreport.de/news/gen-z-in-der-arbeitswelt-nicht-schlechter-nur-anders/.

Martina Fischerova, Katerina Pubalova: Different Approaches in Recruiting Young Professionals. In: Emerging Markets Journal, Vol. 8 No. 1 (2018), p. 31–38. https://doi.org/10.5195/emaj.2018.149.

Minge, Lea: Wandel auf dem Arbeitsmarkt in vollem Gange. Generation Z – Darum fordern sie mehr Gehalt. In: Gründer 21.12.2023, URL: https://www.gruender.de/hr-office/generation-z-gehalt/

Osman, Neela/ Purwana, Dedi/ Saptono, Ari: Do Performance Appraisal, Compensation and job satisfaction influence employees loyalty of generation Y? In: Journal of Business and Behavioural Entrepreneurship (Vol. 1 No. 1), 2017, S. 35–49, DOI: https://doi.org/10.21009/jobbe.001.1.04.

Romy, Fröhlich (2014) Book People in Germany: A Study on the Professional Situation and Career Conditions of Men and Women in the German Book Publishing Industry and the Book Trade Publishing Research Quarterly 30(2) 223–243 10.1007/s12109-014-9361-8

Stumpf, Anna M., Fielding, Rebecca: Fulfilling Gen Z's Needs and Expectations in Industry 4.0: Attracting and Retaining Early Career Talent. In W. Donald (Ed.), Handbook of Research on Sustainable Career Ecosystems for University Students and Graduates (pp. 258–277). 2023. IGI Global. DOI: https://doi.org/10.4018/978-1-6684-7442-6.ch014.

Teammanagement. Wie unterstützen Sie die berufliche Entwicklung und das Karrierewachstum Ihrer Teammitglieder? (without date) In: LinkedIn. Wie unterstützen Sie die berufliche Entwicklung und das Karrierewachstum Ihrer Teammitglieder? (linkedin.com)

Zhenjing G, Chupradit S, Ku KY, Nassani AA, Haffar M: Impact of Employees' Workplace Environment on Employees' Performance: A Multi-Mediation Model. In: Front Public Health, 2022. DOI: https://doi.org/10.3389/fpubh.2022.890400.

5

Conclusion and Action Points: Shaping the Future of the Publishing Industry

Lisa Gürtler and Joanna Rietl

5.1 Conclusion

Digital Transformation, Trends, and Challenges in Publishing
The publishing industry has undergone significant digital transformation, prompting changes in new types and platforms of communication, content, as well as new business models, and competitors. Fuelled by advancements in technology, the industry has seen a shift from traditional print to digital-first strategies that encompass diverse formats. The rise of e-books, audiobooks, and dynamic digital publications exemplifies this shift, promoting accessibility and expanding market reach. It has led to changing revenue streams, with a noticeable move away from traditional print towards digital media. Furthermore, new digital platforms and technologies have not only influenced how content is marketed and discussed but also how it is created and consumed.

L. Gürtler (✉) · J. Rietl
Johannes Gutenberg-Universität, Mainz, Deutschland
E-Mail: lguertle@students.uni-mainz.de; jrietl@students.uni-mainz.de

The publishing industry is rapidly evolving, driven by trends like self-publishing, open access, and the integration of AI. Self-publishing empowers authors with creative control, bypassing traditional publishing houses, while open-access publications increase visibility and accessibility, making scholarly content freely available to a global readership, which also changes the academic discourse on how to publish in this field in the future. AI is revolutionising the industry by increasing efficiency, automating repetitive tasks, and supporting innovative content formats like AR and VR, allowing human editors to focus on more complex aspects of content creation. These technologies also enhance content curation, predictive analytics, and personalised reader experiences. New digital platforms have redefined the forms of communication in the publishing industry, and social media in particular play a major role here. With the internet as the primary information source, it is important for companies to effectively leverage social media. This entails staying ahead of rapidly shifting trends and understanding user behaviour. Strategic partnerships with content creators and influencers can enhance visibility in a market inundated with self-published works, enabling publishing houses to remain relevant.

However, publishers face significant challenges in adapting to these trends. They must develop new monetisation and advertising strategies, effectively leverage social media, and collaborate with influencers to stay competitive. Furthermore, integrating AI into business operations and adapting to cultural and language shifts among younger audiences are crucial for success in this changing landscape.

Changes in Job Profiles and Working Conditions
This digital shift necessitates a redefinition of job profiles and working conditions within the publishing sector. Traditional roles, such as that of the editor, now require digital literacy to navigate online tools for content selection, evaluation, and distribution. Concurrently, positions like content editor, graphic designer, market analyst, and product manager have become pivotal. Specific roles such as AR/VR developer, SEO specialist, and data-driven marketing expert underscore the specialised skills warranted nowadays. These transformations also impact onboarding protocols, necessitating robust digital training for new entrants and continuous professional development to align with technological advances.

The dynamics of the gig economy pose another significant challenge, often relegating young professionals to precarious freelance positions with unsatisfactory working conditions. To counteract these detrimental effects, the publishing industry must devise strategies that offer stable, well-remunerated entry-level roles. Providing clear pathways for career advancement and ensuring equitable treatment are crucial in fostering a supportive workforce environment.

The Strengths, Expectations and Hurdles of Young Professionals
Young professionals offer invaluable insights into the reading preferences and habits of younger demographics, ensuring content remains culturally, socially, and linguistically relevant, as well as bringing new perspectives to the publishing processes and trends. Their environmental consciousness can drive transformative changes towards sustainability within the industry, while their knowledge of social media and willingness to adapt quickly to new technologies and digital trends make them indispensable collaborators in publishing.

However, early career professionals in the publishing industry often face a significant disparity between their expectations and the realities of the job. Many enter the field with hopes of achieving a balanced work-life dynamic, competitive compensation, and job security, only to find that these expectations are frequently unmet. The scarcity of entry-level positions in this highly competitive industry further exacerbates the challenge of breaking in.

Moreover, the lack of an industry-specific network and the uncertainty of the job market, especially with the rise of new technologies and AI, contribute to the challenges faced by young professionals as they strive to establish their careers in publishing.

Attracting and Retaining Workforce
The publishing industry's ability to thrive in the digital era hinges on its effectiveness in attracting and retaining young professionals. To do so, companies must modernise recruitment strategies to align with the expectations of digital-savvy talent, offering clear job roles, online interviews, competitive compensation, and a commitment to a diverse and inclusive work environment. Innovative onboarding processes and flexible

career development opportunities are essential for helping new hires integrate smoothly and grow within the organisation.

Moreover, fair remuneration, especially for internships, traineeships and entry-level roles, alongside supportive work environments that offer remote work and flexible hours, are crucial for employee satisfaction. Sustained professional development through SMART goals, constructive feedback, and a learning culture, coupled with an open and inclusive corporate environment, are vital for retaining young talent and ensuring long-term industry success.

5.2 Action Points for Attracting and Retaining Talent in the Digital Age

In order to thrive in the evolving digital landscape, the publishing industry must adopt comprehensive strategies to attract, nurture and retain young talent. Young professionals bring a range of skills and perspectives that are important for the industry's continued growth and innovation. It is crucial for publishers to recognise the importance of this potential and to implement effective measures that address their expectations and foster their professional development. The following sections explore key aspects, which contribute to a holistic approach for building a future-proof workforce in the publishing realm and answering the question of how to attract and retain young professionals in the publishing industry.

1. **Understand the Needs and Expectations of Young Professionals**
   To effectively engage and retain young professionals, it is crucial to understand and meet their needs and expectations. Further training opportunities, fair remuneration, and flexible working hours are foundational elements that this generation values highly. They also seek acknowledgment of their skills and efforts, alongside clear prospects for personal and professional growth. However, each generation brings its own work ethic, expectations, and preferences, making it essential to cultivate a versatile workplace that can adapt to these diverse needs. By doing so, organisations can create a more inviting and sustainable work environment that fosters long-term satisfaction and retention.

2. **Adapt Job Profiles**
   The digital age has led to the emergence of new job profiles such as SEO specialists, data-driven marketing experts, and AR/VR developers, while traditional roles such as editor have expanded to include digital proficiency. These changes necessitate the creation of specific and transparent job descriptions for emerging roles, which not only outline technical requirements but also emphasise the importance of continuous learning and adaptation.

3. **Modernise Hiring**
   Modernising hiring practices and recruitment is essential for attracting and retaining top talent. Utilising Applicant Tracking Systems (ATS) can streamline the hiring process, providing timely feedback and transparent communication. Job postings should clearly outline roles, responsibilities, and salary ranges to manage expectations effectively and attract the right candidates. Emphasising diversity and inclusivity in recruitment and job advertisements enriches the workplace with diverse perspectives. Additionally, highlighting potential career pathways, ensuring clear and time-sensitive communication, leveraging digital platforms for applications and providing virtual interviews are key to creating an efficient and transparent hiring process that appeals to today's workforce.

4. **Ensure Fair Financial and Non-Financial Compensation**
   Fair compensation affects job satisfaction, motivation, and career decisions. Therefore, establishing a baseline salary higher than minimum wage for all internships and entry-level positions is essential for attracting a diverse and talented workforce. Additionally, implementing flexible working hours and ensuring policies to prevent mandatory overtime contribute significantly to achieving a desirable work-life balance, a factor increasingly prioritised by young professionals. Additional financial compensation can include Christmas/holiday bonuses, educational subsidies, performance-based increments, and travel allowances. Including non-financial benefits such as workation, continuous learning opportunities, mentoring programmes, career development programmes and a rewarding work-life balance is also of great value.

5. **Provide Flexible Career Entry Opportunities**
   Creating flexible and agile career entry opportunities which do not necessarily require a traineeship is key to engaging new talent. Tailored onboarding and career development plans that acknowledge prior experience and skills ensure that new hires feel valued from the start. Offering projects aligned with their interests and abilities, combined with a structured plan, helps integrate trainees effectively into the organisation. Providing clear prospects for long-term employment, along with mentoring programs and networking opportunities, further enhances their professional growth and commitment, fostering a strong, motivated workforce.

6. **Offer Innovative Onboarding and Education Processes**
   Innovative onboarding and education processes are vital for successfully integrating young professionals into the workforce. Companies should develop personalised onboarding plans designed transparently and in collaboration with new employees. This includes clearly planned tasks and responsibilities, insights into other departments along with education about the organisation's culture, values, and performance expectations. Collaborations with educational institutions to offer accredited courses and certifications can further enhance skill development. A comprehensive training program, coupled with regular feedback, ensures that new hires are well-prepared and supported, fostering their long-term success within the organisation.

7. **Implement Mentoring Programs and Support Systems**
   Assigning experienced mentors to new employees fosters a supportive learning environment. Regular check-ins and guidance sessions provide ongoing feedback while encouraging participation in industry conferences and webinars enhance professional development. Structured mentoring programs play a vital role in the smooth transition of young professionals into their roles, improving their performance and increasing retention rates.

8. **Create a Stimulating and Inclusive Work Environment**
   To create a stimulating and inviting work environment, it is essential to integrate various aspects such as flexibility, inclusivity, and advanced technological working practices, alongside opportunities for personal and professional growth. Offering hybrid work models and regular upskilling sessions ensures that the workforce remains agile and competent. Remote work, and flexible working hours (with less than 40 hours per week), including options for part-time roles and adaptable start and end times, provide employees with the work-life balance they value. An attractive and technologically equipped workplace, featuring state-of-the-art laptops, ergonomic furniture (for office and at home), software, and digital platforms allowing communication within the team, enhances productivity. Fostering an inclusive culture through diversity training programs as well as providing resource groups for underrepresented employees ensures that everyone feels seen, heard, and supported. Moreover, prioritising environmental-friendly practices, such as digital publishing and utilising sustainable materials, aligns with the values of young professionals.

9. **Support and Personalise Professional Development and Growth**
   To support and personalise professional development and growth, it is crucial to implement a yearly Individual Development Plan with specific, measurable goals tailored to employees' needs and interests. Quarterly performance reviews with actionable feedback and career coaching help track progress and identify areas for improvement, while personalised training programs address individual strengths, weaknesses, aspirations, and challenges. Setting SMART targets aligned with organisational objectives fosters growth, and providing opportunities for new tasks and projects further enhances competencies. Organisations should promote ongoing development, supported by in-house workshops, training courses, and Professional Development Days. Encouraging networking, collaboration on projects, and attendance at industry events are also key to creating a dynamic and supportive environment that benefits both the individual and the organisation.

10. **Enable Open Communication and Constructive Feedback**
The key is to promote a healthy corporate culture through honest and open communication. Regular team meetings for free discussion and feedback, alongside anonymous surveys, can help in continuously improving workplace policies and practices. Open communication channels ensure that employees feel heard and valued, fostering a positive organisational culture.

11. **Create Opportunities for Personal Projects, Innovation and Self-Improvement**
Creating opportunities for personal projects, innovation, and self-improvement is essential for fostering a dynamic and creative work environment. By allocating a portion of work hours for employees to explore personal projects and innovative ideas, companies encourage creativity and independent thinking. Hosting quarterly "innovation days" where employees can pitch new projects and receive support further promotes a culture of innovation. Additionally, recognising and supporting self-improvement efforts, such as paying for language courses or investing in skill development, demonstrates a publisher's commitment to employee growth and continuous learning.

The combined implementation of these strategies not only aids in attracting and retaining young professionals but also ensures that the publishing industry remains resilient, innovative, current and competitive.

Teil 2

Nachwuchskräfte im Verlagswesen – Erwartungen, Herausforderungen, Chancen

1.1 Vorwort Johannes Gutenberg-Universität Mainz und Edinburgh Napier-Universität

Es gibt unterschiedliche Ansichten darüber, was Buchwissenschaft und Publishing Studies im Kern sind; jenseits subtiler theoretischer und methodischer Überlegungen können Publishing Studies als reflektierte kulturelle Praxis gesehen werden (eine Idee, die zuerst von unserem Kollegen John Maxwell von der Simon Fraser University in Vancouver vorgebracht wurde), wobei die Universitäten als Raum für Experimente und für die Einbindung des Publizierens in den Kontext fortgeschrittenen wissenschaftlichen Denkens dienen (wenn sich die Notwendigkeit ergibt). Das Verlagswesen als kulturelle Praxis befindet sich in einem tiefgreifenden Wandel, insbesondere seit Ende 2022, und GenAI hat das Potenzial, praktisch jeden einzelnen Schritt entlang der Wertschöpfungskette des Publizierens zu revolutionieren. Das Wissen und die Kompetenzen der Absolvent*innen in Bezug auf redaktionelle Prozesse im aktuellen Entwicklungsstand sind nicht zuletzt ein Imperativ, der sich aus einem der Ziele der Universitäten ergibt – die nächste Generation von Fachleuten auszubilden, in unserem Fall Fachleute für das Verlagsgeschäft der Zukunft.

Daher dachten wir, es sei höchste Zeit für ein Experiment, in dem wir diese sich verändernde kulturelle Praxis anwenden, mit KI arbeiten und den Publikationsprozess im Verlauf reflektieren – und warum nicht gleich bis zum Äußersten im Sinne, dass wir GenAI dazu verwenden, um einen Text zu *schreiben*. Das ermöglicht uns, (1) zu erforschen, was derzeit mit den fortschrittlichsten Werkzeugen möglich ist, und (2) dieses Wissen in die nachfolgende Wertschöpfungskette des Publizierens einfließen zu lassen, um zu untersuchen, was ein solcher Text für jeden Schritt entlang des Publikationsprozesses bedeutet. Ein wichtiger Teil davon wäre, den Text der besten Qualitätssicherung auszusetzen, nämlich der Prüfung durch aufstrebende wie auch erfahrene menschliche Redakteur*innen (Studierende, die mit professionellen Verleger*innen zusammenarbeiten).

Unser Verlagspartner, Springer Nature, war eine ausgezeichnete Wahl, angesichts seiner Pionierarbeit im Bereich des maschinengenerierten Publizierens und insbesondere seiner Nutzung des *AI Book Designers*, ein KI-gestütztes Workflow Tool, das GenAI in den Prozess der Erstellung von Sachtexten integriert. Also haben wir uns zusammengetan. Nachdem wir die Idee in einem Workshop mit deutschen und französischen Doktorand*innen Anfang 2023 getestet hatten, haben wir sie im Wintersemester 2023/24 mit etwa 20 unserer Studierenden in einem neu eingerichteten Hybrid Seminar umgesetzt.

Es war von Anfang an eine Hypothese – die während des Prozesses getestet werden sollte – dass die „menschlichen Autor*innen" (oder wie auch immer man sie nennen möchte) unseres Experiments die Kontrolle über den unterstützenden Algorithmus haben sollten; dafür sollten die Studierenden in dem Bereich, den das Buch behandeln sollte, versiert sein. Außerdem sollte das Thema, obwohl es an unseren Universitäten konzipiert und produziert wurde, nicht zu akademisch sein, sondern ein breiteres Publikum ansprechen. Ziel war es, die derzeitigen Möglichkeiten vorzustellen und diese mit mehr Menschen zu diskutieren, auch außerhalb der Hochschulen, insbesondere in der Buchbranche. Aus diesem Grund war ein buchwissenschaftliches Thema im engeren Sinne keine Option. Jedoch dachten wir, dass wir an der Schnittstelle der beiden genannten Hauptanforderungen (die Studierenden sind Spezialist*innen, es gibt ein erhebliches potenzielles Publikum) das Moment herausarbeiten könnten, in dem Absolvent*innen der Buchwissenschaften oder Publishing Studies in Deutschland und Großbritannien in eine sich im Wandel befindende Buchbranche eintreten und dies im Detail beleuchten. Daher waren die beiden primären Leitfragen für das Buch: *Was erwarten die Absolvent*innen der Publishing Studies beim Eintritt in den Verlag* und *wie können Verlage das Potenzial dieser Nachwuchskräfte nutzen?* Damit waren wir auf dem Weg zu einem Fachbuch, statt eines akademisch ausgerichteten Buchs. Die Buch-/Verlagswissenschaften an der Johannes Gutenberg-Universität Mainz haben eine langjährige Beziehung zum postgradualen Publishing-Master-Kurs an der Edinburgh Napier University. Während und zusätzlich zu Austauschwochen von Studierendengruppen in beide Richtungen (leider unterbrochen durch die Coronavirus-Pandemie) haben Mitarbeitende und Studierende seit über 10 Jahren von Kooperationsprojekten zwischen Mainz und Edinburgh profitiert. Daher schien es wünschenswert, die Studierenden aus Edinburgh in dieses Projekt mit Springer Nature einzubeziehen. Dies führte zu unserer Entscheidung, dieses Buch auf Englisch zu verfassen (oder es von KI schreiben zu lassen) – und es mit einer maschinellen/maschinenunterstützten Übersetzung ins Deutsche als zusätzliche Dimension zu ergänzen, um die Möglichkeiten von KI im Verlagswesen und bei der Verbreitung von Inhalten Anfang 2024 zu dokumentieren.

Der Prozess selbst stellte sich als recht komplex heraus. Er umfasste acht hybride Gruppensitzungen (einige dauerten mehr als vier Stunden), die sich über ein ganzes Semester (Oktober 2023 bis Februar 2024) erstreckten, sowie selbstständige Arbeit und Untergruppensitzungen. Aus einer übergeordneten Perspektive war es wichtig, sich auf die Sammlung von Material zu einigen, das dem Algorithmus zugeführt werden sollte. Dieses Material – bestehend aus wissenschaftlichen Forschungsarbeiten, Branchenberichten, Auszügen und Zitaten sowie wichtigen Aspekten zur Gesamtstruktur und zum Inhalt der einzelnen Kapitel – wurde dann, sozusagen, von Springer Nature-Spezialist*innen in Aufforderungen bzw. als Prompts für die KI "verpackt". Alternative Ausgabeergebnisse des Systems wurden in der Plenarsitzung vorgestellt und diskutiert, eines wurde ausgewählt, oft mit Änderungen (z. B., „wir mögen Alternative 2 von Kapitel 3 am besten, aber bitte kürzen und ersetzen Sie den Kompetenzabschnitt durch die Option, wie sie in Alternative 1 vorgestellt wurde"), und dies wurde als neue Aufforderungen zurückgespeist – rekursiv, bis die Studierenden mit dem Ergebnis zufrieden waren. Die Gesamtergebnisse wurden schließlich einem umfangreichen Editierprozess durch ein professionelles Lektoratsteam von Springer Nature, den Studierenden und ihren Professor*innen unterzogen. Die „akademischen" Teams in Mainz und Edinburgh sammelten in diesem Prozess eine Reihe äußerst wertvoller Erfahrungen, von denen einige eher implizit waren und andere nicht einmal direkt mit dem übergeordneten Vorhaben, ein Buch mit Hilfe von GenAI zu schreiben, zu tun hatten. Auf die Frage, wie wir – notwendigerweise vereinfacht – die Frage beantworten würden, ob (und inwieweit) es derzeit möglich ist, mit Hilfe von GenAI ein (professionelles) Buch zu schreiben, würden wir wahrscheinlich antworten: Wenn man sich an einem fortschrittlichen System orientiert und die Mikroargumentation (es gibt eine gewisse Tendenz zu Wiederholungen und Beinahe-Wiederholungen) sowie die Wortwahl (es gibt eine gewisse Tendenz zur Verwendung eines ausdrucksstarken Vokabulars, das nicht immer adäquat ist) sehr kritisch betrachtet, ist es in der Tat bereits möglich – wie dieses Buch beweist. Unser Ziel ist es, die Theorie und Praxis des Publizierens als reflektierte kulturelle Praxis zu erforschen. Unser Experiment befasst sich weniger mit den ethischen Überlegungen zum Einsatz von KI beim Schreiben von Büchern. Es ist jedoch zu vermuten, dass der Einsatz von GenAI zum Schreiben von Büchern die Veröffentlichung wichtiger Bücher ermöglichen kann, die sonst aufgrund zeitlicher und finanzieller Erwägungen, die Verlage bei der Verwendung „menschlicher" Autor*innen anstellen müssen, nicht veröffentlicht worden wären. Akademisch gesehen werden wir natürlich weiterhin die Nutzung von KI in der Verlagsbranche beobachten. In der Zwischenzeit werden unsere Studierenden – insbesondere diejenigen, die an unserem innovativen Projekt teilgenommen haben – die Chance haben, aktiv ihren Stempel auf dieses Thema zu drücken, sobald sie die Universität verlassen und in die Verlagsbranche einsteigen.

Wir möchten Springer Nature für die Möglichkeit der Zusammenarbeit an diesem einzigartigen Projekt danken, und für die Zeit, das Engagement und die Empathie, die ihre erstklassigen Vertreter*innen währenddessen gezeigt haben. Uns gefiel die geschäftige und zielgerichtete, aber auch rücksichtsvolle und studierendenzentrierte Atmosphäre unserer Sitzungen. Als Wissenschaftler*innen und Studierende der Verlagswissenschaften sind wir uns der zusätzlichen Arbeit bewusst, die durch die Einschränkungen der Arbeit mit Hochschuleinrichtungen verursacht wird, aber wir sind stolz darauf, wie wir Barrieren überwunden haben, um ein sowohl innovatives als auch nachdenklich stimmendes Buch zusammenzubringen, das einen Einblick in die aktuelle Verlagspraxis an diesem wichtigen Wendepunkt in der Geschichte der Verlagsbranche gibt.

Prof. Dr. Christoph Bläsi (Mainz)
Assoc. Prof. Avril Gray (Edinburgh)

1.2 Vorwort Springer Nature

Dieses Buch ist das Ergebnis einer außergewöhnlichen Reise, die von Mitarbeitenden und Studierenden der Johannes Gutenberg-Universität, der Edinburgh Napier-Universität und Lektor*innen und KI-Expert*innen von Springer Nature realisiert wurde. Wir haben uns KI zunutze gemacht, um das Schreiben dieses Buches zu unterstützen. Eine Gruppe sehr talentierter Studierenden arbeitete online und über geografische, sprachliche und logistische Barrieren hinweg mit einem KI-Prototyp-Tool, um ein Buch zu veröffentlichen, auf das wir stolz sind. Wir betrachten dieses Projekt als einen bedeutenden Schritt in die Zukunft des wissenschaftlichen Publizierens, wo Technologie und menschliche Aufsicht, Erfahrung und Expertise kombiniert und abgestimmt werden, um hochwertige Inhalte zu produzieren.

Im Mittelpunkt unserer Zusammenarbeit stand ein strukturierter Schreibprozess, unterstützt von Lektor*innen, Autor*innen und unserem *AI Book Designer Prototyp*. Die Studierenden wurden durch sieben detaillierte Schritte geführt, von der Sammlung wesentlicher Informationen bis zur Fertigstellung des Manuskripts, wobei jeder Schritt erst abgeschlossen wurde, wenn alle notwendigen Informationen und Quellen bereitgestellt wurden:

- Schritt 1 begann damit, dass die Autor*innen wesentliche Elemente des Projekts definierten, wie die Zielgruppe, Schlüsselwörter und Alleinstellungsmerkmale.

- In Schritt 2 verwendete die KI diese Informationen, um ein vorläufiges Inhaltsverzeichnis zu erstellen, das die Autor*innen dann verfeinerten.
- Sobald dies abgeschlossen war, skizzierten die Autor*innen in Schritt 3 jedes Kapitel im Detail, indem sie Stichpunkte und relevante Quellen bereitstellten, um eine klare Roadmap für das Manuskript zu erstellen.
- In Schritt 4 überprüften sie manuell jede Referenz, um die wissenschaftliche Sorgfalt sicherzustellen.
- In Schritt 5 wurden alle gesammelten Informationen in Prompts umgewandelt, die in die KI zur Erstellung von Kapitelentwürfen eingespeist wurden.
- Als nächstes überprüften die Autor*innen und Lektor*innen in Schritt 6 den Text kritisch, überarbeiteten ihn und stellten erneut die Integrität der Quellen sicher.
- Schließlich wurden in Schritt 7 didaktische Elemente, Figuren und Tabellen manuell erstellt und das Manuskript mit der Zustimmung der Autor*innen und des Lektorats finalisiert.

Dieser strukturierte Ansatz stellte sicher, dass jeder Aspekt unseres Schreibprozesses sorgfältig behandelt wurde, mit kontinuierlichen Feedbackschleifen für menschliche Überarbeitung, Verfeinerung und Qualitätskontrollen. Die KI wurde hauptsächlich zur Unterstützung der Textgenerierung verwendet, aber sie hat auch den kreativen Prozess verbessert, indem sie Alternativen aus gegebenen Informationen vorschlug und Gedanken, Ideen sowie Informationen strukturierte und organisierte.

Qualität ist von größter Bedeutung in unserer Zusammenarbeit. Wir sind verpflichtet, hohe Standards während des Schreibprozesses aufrechtzuerhalten, und dieses Projekt war keine Ausnahme. Jedes von der KI generierte Element wurde rigoroser Prüfung und Genehmigung durch Studierende, den Professor*innen und Lektor*innen unterzogen, um sicherzustellen, dass das Endprodukt nicht nur unserer kollektiven Expertise, sondern auch den höchsten Standards der Validierung und Qualität entspricht.

Wir glauben, dass Transparenz der Schlüssel ist, weshalb wir die Rolle der KI hier in diesem Vorwort erklären und die wesentliche menschliche Aufsicht hervorheben, die jeden Schritt unserer Schreibreise begleitet hat. Unser Projekt betont die Interaktion zwischen menschlichen Autor*innen und KI-Technologie, eine Zusammenarbeit, die wir für den zukünftigen Erfolg im modernen Verlagswesen als unerlässlich erachten. Menschen bleiben zentral im Prozess. Die interdisziplinäre Teamarbeit zwischen Autor*innen, Lektorat und KI-Expert*innen war unverzichtbar und hat eine dynamische Umgebung geschaffen, die es uns ermöglicht, voneinander zu lernen und den Prototyp an unsere vielfältigen Bedürfnisse anzupassen.

Dieses Projekt verbindet unser Engagement für die Produktion von hochwertigen akademischen Inhalten im Zusammenhang mit dem Voranschreiten von KI-Anwendungen. Unser Ziel ist es nicht nur, den Schreibprozess zu verbessern, sondern auch die Barrieren der Zeitkapazitäten und Schreibfähigkeiten abzubauen, mit denen sowohl erfahrene als auch Nachwuchsforscher*innen oft konfrontiert sind.

Wir sind stolz darauf, dieses Buch zu präsentieren, *„Nachwuchskräfte im Verlagswesen – Erwartungen, Herausforderungen, Chancen"*, das die einzigartigen Perspektiven aufstrebender Fachkräfte in unserem Bereich einfängt und Einblicke sowie Empfehlungen für die gesamte Verlagsbranche bietet. Es ist ein großartiges Beispiel für die Überbrückung der Lücke zwischen Wissenschaft und Praxis. Unsere Zusammenarbeit mit Studierenden hat uns auch wertvolle Einblicke gegeben, die zukünftigen Publikationen zugutekommen werden. Ein riesiges Dankeschön an alle, die diese Reise unterstützt haben, an alle beteiligten Studierenden und besonders an diejenigen, die ihre Freizeit während der Sommerpause und in einigen Fällen über ihren Masterabschluss hinaus investiert haben. Wir wünschen ihnen alles Gute für die nächste Reise – vielleicht eine Karriere im Verlagswesen mit einem Koffer voller KI-Erfahrungen.

Vivien Bender (Executive Editor)
Andreas Funk (Editorial Director)
Henning Schönenberger (VP, Content Innovation)
Laura Spezzano (Associate Editor)

6

Die Lage der Verlagsbranche und ihr Arbeitsmarkt

Sonja Knobling, Madihah Mirza, Rachel Polzin, Ray Thomson und Ann-Kathrin Weber

6.1 Einleitung

Das digitale Zeitalter hat in mehreren Branchen, darunter auch im Verlagswesen, einen tiefgreifenden Wandel ausgelöst. Dieses Buch, und insbesondere dieses Kapitel, bieten einen Einblick in die dynamische Landschaft der Verlagsbranche und ihres Arbeitsmarktes und geben einen Überblick über die aktuellen und vorherrschenden Trends, Herausforderungen und Chancen in der Verlagsbranche. Der beschleunigte Übergang zum digitalen Publizieren veranlasst dieses erste Kapitel dazu, die Entwicklung von Beschäftigungsprofilen, den Einfluss von Technologien und die gemeinsamen

---

S. Knobling (✉)
Johannes Gutenberg University Mainz, Großeibstadt, Deutschland
E-Mail: s.knobling@students.uni-mainz.de

M. Mirza
Edinburgh Napier University, Birmingham, UK
E-Mail: 40648735@live.napier.ac.uk

Erwartungen und Anforderungen von jungen Fachkräften, die in diesen Bereich eintreten, zu analysieren. Die Anpassung der Verlagsbranche an die durch die Digitalisierung ausgelösten und ermöglichten Innovationen, einschließlich der Integration von Künstlicher Intelligenz (KI), der Zunahme des Self-Publishing und der Verlagerung hin zum Open-Access-Publishing (um nur einige Beispiele zu nennen), unterstreicht die Dynamik des Sektors und seine Auswirkungen auf Beschäftigung und Qualifikationen. Dieser Überblick fasst diese Hauptelemente zusammen und bildet den Rahmen für eine eingehende Untersuchung der fortlaufenden Entwicklung der Verlagsbranche und ihrer Bedeutung für angehende Fachkräfte im Verlagswesen. Der digitale Übergang hat die Entstehung neuer Beschäftigungsprofile ermöglicht und gleichzeitig traditionelle Rollen in der Verlagsbranche reformiert. Der sich entwickelnde Arbeitsmarkt erfordert einzigartige Fähigkeiten und Fertigkeiten, insbesondere im Bereich der digitalen Kompetenzen und des damit verbundenen technologischen Know-hows. Folglich müssen Bildungseinrichtungen und Ausbildungsprogramme diesen aufkommenden Anforderungen gerecht werden, um Studierende und Berufsanfänger*innen auf die Möglichkeiten und Herausforderungen in diesem sich entwickelnden digitalen Arbeitsumfeld vorzubereiten. Insbesondere stehen Weiterbildung und Anpassungsfähigkeit als zentrale Faktoren für den Erfolg im Fokus. Auf der Seite der Arbeitgeber beinhaltet dies eine Arbeitsumgebung, die Kreativität, Zusammenarbeit und Innovation fördert und Leidenschaft und Neugier durch berufliche Weiterentwicklung unterstützt und den Einstieg von jungen Fachkräften und Berufswechsler*innen durch fair bezahlte Praktika und Volontariate fördert.

R. Polzin
Edinburgh Napier University, Cary, USA
E-Mail: 40623717@live.napier.ac.uk

R. Thomson
Edinburgh Napier University, Moray, UK
E-Mail: 40435939@live.napier.ac.uk

A.-K. Weber
Johannes Gutenberg University Mainz, Hochheim am Main, Deutschland
E-Mail: weannkat@students.uni-mainz.de

Im Wesentlichen bieten die einleitenden Kapitel einen ersten Überblick über den aktuellen Stand und die Trends in der Verlagsbranche und ihrem Arbeitsmarkt. Dies bildet die Grundlage für die folgenden Kapitel, in denen die Herausforderungen und Chancen, die junge Fachkräfte mit in die Verlagsbranche bringen, näher beleuchtet werden. Außerdem werden die Strategien der Unternehmen für ein attraktives Arbeitsumfeld und eine erfolgreiche Rekrutierung im digitalen Zeitalter und in Zeiten des Fachkräftemangels vorgestellt. Mit diesem Ansatz möchte das Buch jungen Fachkräften und Arbeitgebern praktische Erkenntnisse vermitteln, um eine erfolgreiche Zusammenarbeit für beide Seiten zu gewährleisten.

6.2 Aktueller Stand und Trends in der Verlagsbranche

Die Verlagsbranche sieht sich mit einer Vielzahl an Herausforderungen und Chancen konfrontiert, die durch die fortschreitende digitale Transformation ausgelöst werden – diese beinhalten neue Arten von Kommunikation und Inhalten, neue Geschäftsmodelle und neue Wettbewerber. Insbesondere muss die Branche mit sich verändernden Einnahmequellen umgehen, da Verbraucher*innen weiterhin auf digitale Medien umsteigen, der Printverkauf abnimmt und eine ständige Anpassung an neue digitale Unterhaltungs- und Informationsformen stattfindet. Trotzdem bieten diese Veränderungen Raum für Fortschritt und Innovation, indem Entwicklungen genutzt werden können, die den Sektor systematisch umgestalten, wie neue Kommunikationsformen durch rein digitale Publikationsformate, soziale Medien, Self-Publishing, Open Access und künstliche Intelligenz (KI).

Das digitale Publizieren hat ein beträchtliches Wachstum erfahren und die Verlagsbranche als Ganzes zu neuen Entwicklungen veranlasst, wovon Nutzer*innen aller Medienformate profitieren (Ross 2021). Getrieben durch die steigende Prävalenz von Inhalten in digitalen Räumen und Veränderungen im Verbraucherverhalten haben webbasierte Inhaltsquellen wie (erweiterte) E-Books, aber auch Webcomic- und Fan-Fiction-

Plattformen, erheblichen Zulauf erhalten (Price 2022; Rodzvilla 2023). Mehrere dieser neuen Publikationsplattformen bieten Inhalte an, die für Verbraucher*innen universell (oder zumindest leichter) zugänglich und oft kostenlos sind, z. B. weil sie werbefinanziert sind; oder sie haben neue Wege gefunden, ihre Inhalte zu monetarisieren, zum Beispiel durch Mikrotransaktionen (Ren 2023; Rodzvilla 2023). Die Vorteile dieser Medienformen zu nutzen und ihre jeweiligen Funktionen für sich einzusetzen, könnte den Verlagen helfen, ihre Zielgruppen effektiver zu erreichen und anzusprechen – und damit wettbewerbsfähig zu bleiben.

Mit der zunehmenden Verbreitung und Nutzung von mobilen Endgeräten und sozialen Netzwerkplattformen beeinflussen neue Kommunikationsformen nicht nur, wie Inhalte vermarktet und diskutiert werden, sondern auch, wie Inhalte erstellt, kuratiert und konsumiert werden (Griem 2021). Insbesondere soziale Medien haben sich zu einem wichtigen Hilfsmittel für Content Creator bzw. Autor*innen entwickelt und bieten eine interaktive Plattform, um mit dem Publikum in Kontakt zu treten, die öffentliche Wahrnehmung zu bestimmten Themen zu ergründen und Gespräche und Beteiligung rund um ihre Arbeit zu fördern. Abgeleitete Erkenntnisse aus Datenanalysen können Kreativ- und Marketingentscheidungen leiten, während gleichzeitig sich entwickelnde Trends beobachtet werden, die die Richtung künftiger Veröffentlichungen bestimmen können. Die Einbeziehung dieser Kommunikationsformen durch die sozialen Medien bleibt für Verlagshäuser und andere Akteur*innen in der Medienbranche von entscheidender Bedeutung, um mit den vorherrschenden Trends Schritt zu halten.

Eine Diskussion über Trends in der Verlagsbranche wäre unvollständig, ohne die Relevanz des Self-Publishing anzuerkennen. Im Zuge des technologischen Fortschritts machen sich Autor*innen zunehmend die Selbstveröffentlichung zunutze, um die kreative Kontrolle über ihr Werk zu behalten und traditionelle Verlagshäuser zu umgehen (Walzer 2023). Neben dem Aspekt der Kontrolle gilt hier auch das Sprichwort „Zeit ist Geld" (insbesondere für Autor*innen, die im Selbstverlag veröffentlichen und KI zur Unterstützung des Schreibprozesses einsetzen). Neue Programme und Plattformen, wie Amazon Kindles Direct Publishing, sind entstanden, um die Prozesse hinter Selbstveröffentlichungen zu erleichtern und bestimmte Dienstleistungen an Fachleute auszulagern, um eine akzeptable Qualität für die Veröffentlichung zu gewährleisten und gleichzeitig die Finanzierbarkeit für die Autor*innen sicherzustellen. Diese neuen digitalen Plattformen geben Autor*innen vollständige kreative Kontrolle über ihren Inhalt und die Art und Weise, wie dieser vermarktet wird, und bieten eine leicht zugängliche Möglichkeit, Manuskripte zu veröffentlichen. Somit hat das Aufkommen von sozialen Medien und Self-Publishing-Diensten Kommunikations- und Vertriebskanäle revolutioniert und Zugang zu einem globalen Publikum ermöglicht. Dies hat zu einer Veränderung in der Art und Weise geführt, wie Inhalte erstellt, geteilt und konsumiert werden, sodass sich auch Verlage an diese Veränderungen anpassen müssen. Autor*innen sind nicht mehr auf traditionelle Verlagshäuser angewiesen, insbesondere wenn sie bereits ein gut etabliertes Publikum haben und damit die Kontrolle darüber gewinnen, wie ihre Arbeit präsentiert und vermarktet wird (Ren 2023).

Open Access (als der erste Baustein und immer noch der Kern der Entwicklung in Richtung Open Science) hat einen signifikanten Einfluss auf die Verlagsbranche (Siler 2017). Diese Verlagerung hin zu einem transparenten, zugänglichen Wissensaustausch – auch für eine weitreichende Wiederverwendung – hat den wissenschaftlichen Diskurs verbessert und zu einer breiteren Zugänglichkeit von Informationen geführt, indem sie die Probleme im Zusammenhang mit den Kosten des Zugangs zu wissenschaftlichen Inhalten direkt angeht. Diese größere Zugänglichkeit fördert den akademischen Diskurs und unterstützt weitere Veröffentlichungen von akademischen Publikationen, was ein weiteres Wachstum der Forschung ermöglicht. Die Forderung nach leichter zugänglichen Publikationen in diesem Sinne betrifft zwar in erster Linie den wissenschaftlichen Publikationsbereich (Sankar et al. 2022), hat sich aber unweigerlich auf die gesamte Verlagsbranche ausgeweitet und die Anforderungen innerhalb des Sektors beeinflusst.

Die Rolle von KI innerhalb der Verlagsbranche hat zunehmend an Bedeutung gewonnen (Bhaskar 2020; Pickering et al. 2022; Kaebnick et al. 2023). Mit der Fähigkeit, Aufgaben wie die Layouterstellung zu automatisieren, und dem Potenzial, Inhalte zu generieren, kann KI den traditionellen Publikationsprozess erheblich verkürzen. Diese gesteigerte Effizienz ermöglicht die Umverteilung menschlicher Ressourcen auf Bereiche, die eine Entscheidungsfindung auf höherer Ebene erfordern und die die

KI noch nicht nachbilden kann, wie z. B. auf implizites Wissen basierende Expertise im Verlagswesen oder Kreativität. In dem Maße, wie KI im Verlagswesen und insbesondere im akademischen und wissenschaftlichen Verlagswesen Einzug hält (was an sich schon eine schwierige Aufgabe ist, wenn es darum geht, sie wirksam und angemessen einzusetzen), ist es von entscheidender Bedeutung, dass sowohl Unternehmen als auch Institutionen einen Verhaltenskodex und eine Reihe von Leitlinien aufstellen, die es ihnen ermöglichen, den Einsatz solcher Werkzeuge angemessen zu regeln. Die Nichtbeachtung dieser Vorsichtsmaßnahmen kann zu rechtlichen und ethischen (z. B. Fairness) Problemen führen. Es wird deutlich, dass die Branche einem Wandel unterliegt, der in erster Linie durch die technologische Entwicklung angetrieben wird. Ein strategischer Umgang mit diesen Veränderungen kann diese Disruption in Chancen für Innovation verwandeln und damit natürlich auch die Arbeitswelt des Verlagswesens verändern. Strategische Voraussicht und die Vorbereitung auf künftige Trends sind daher von entscheidender Bedeutung, um die kontinuierliche Anpassungsfähigkeit und Resilienz der Branche zu gewährleisten.

6.3 Bestehende und neue Berufsprofile im Verlagswesen

Die Digitalisierung hat den Verlagssektor umgestaltet, traditionelle Berufsprofile verändert und den Weg für neue Rollen geebnet. Dieses Unterkapitel untersucht, wie sich der Arbeitsmarkt des Sektors verändert hat, diskutiert das Entstehen neuer Berufsprofile und thematisiert die Herausforderungen potenzieller Job-Mismatches. Um die Entwicklung neuer Berufsbilder in der Verlagsbranche zu beschreiben, lohnt sich ein Blick auf die Momentaufnahme aktueller Stellenausschreibungen, die aus Anzeigen in Magazinen und Websites wie dem Börsenverein (Deutschland) und The Bookseller (b2b-Magazin, Großbritannien) hervorgehen. Diese Inserate zeigen eine breite Palette von Rollen, die von Content Editor, Grafikdesigner*innen, Marktanalyst*innen und Produktmanager*innen bis hin zu spezifischeren Positionen wie AR/VR-

6 Die Lage der Verlagsbranche und ihr Arbeitsmarkt

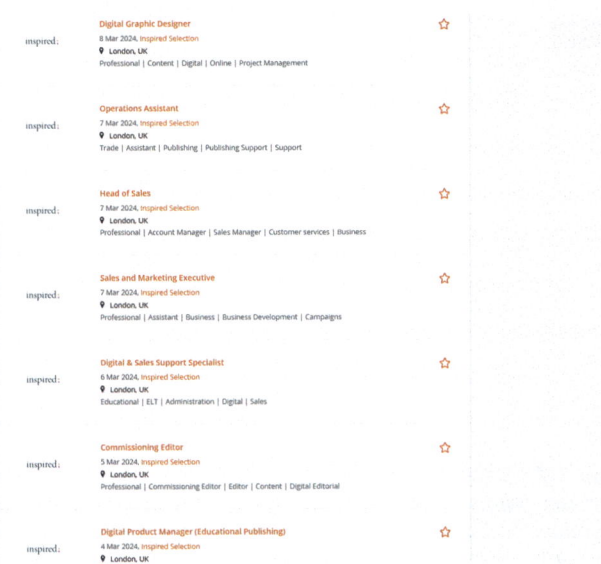

Abb. 6.1 Screenshot einer aktuellen Stellenanzeige im Verlagssektor auf der Website von *The Bookseller* (April 2024), der den Fokus auf den digitalen Bereich im Verlagswesen zeigt

Entwickler*innen, SEO-Spezialist*innen und Expert*innen für datengesteuertes Marketing reichen (siehe Abb. 6.1 und Abb. 6.2). Der wachsende Einfluss der sozialen Medien hat dazu geführt, dass Positionen wie Social-Media-Strateg*in und Online-Community-Manager*in weit verbreitet sind, was auf die Wichtigkeit der Betreuung einer aktiven und ansprechenden Online-Präsenz für Verlage hinweist. Darüber hinaus hat das Aufkommen von Veröffentlichungen mit künstlicher Intelligenz zur Entstehung von Positionen geführt, die sich auf den Aufbau und die Sicherung von KI-gesteuerten Prozessen und Werkzeugen konzentrieren, wie z. B. der Data Scientist oder allgemeiner der KI-Spezialist*in. Diese Rollen dokumentieren und treiben die Innovation der Verlagsprozesse voran (Zhang und Song 2021).

Während neue Berufsbilder wie die oben genannten das direkte Ergebnis neuer technologischer Entwicklungen sind, ist auch bei traditionellen Berufsbildern, die mit den fortschreitenden Technologien und Trends Schritt halten müssen, ein Wandel zu beobachten. So hat beispielsweise

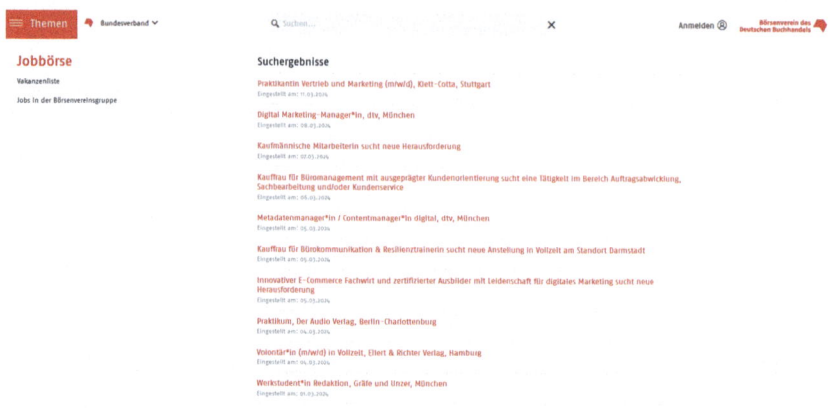

Abb. 6.2 Screenshot einer aktuellen Stellenanzeige im deutschen Verlagssektor auf der Website des *Börsenvereins* (April 2024), die Jobs wie „Metadatenmanager*in/Contentmanager*in digital" (Manager Metadaten/Content Manager) präsentiert

die Rolle von Redakteur*innen und Lektor*innen ihren traditionellen Umfang um Aufgaben erweitert, die digitale Kenntnisse erfordern, um Online-Tools und -Plattformen für die Auswahl, Bewertung und Verbreitung von Inhalten zu nutzen.

Gleichzeitig sind die Arbeitsverhältnisse in dieser Branche nach wie vor flexibel, und die Beschäftigungsstrukturen variieren zwischen Festanstellung und ausgelagerter freiberuflicher Arbeit (Bridges 2018). Die Implikationen sind vielschichtig. Auf der einen Seite spiegelt dies eine Verlagerung hin zu einer Gig Economy wider, die sowohl für Arbeitgeber als auch für junge Fachkräfte Flexibilität und Unabhängigkeit bietet. Gleichzeitig kann dies jedoch auf Seiten der Arbeitnehmer*innen zu einem unzuverlässigen Einkommen, unzureichender sozialer Absicherung und mangelnden Möglichkeiten der beruflichen Weiterentwicklung führen. Im gegenwärtigen Branchenumfeld, das sich stark auf Praktika und Einstiegspositionen mit unzureichenden Arbeitsbedingungen stützt, kann die verstärkte Ausübung einer freiberuflichen Tätigkeit ausbeuterische Praktiken im Rahmen flexibler Arbeitsverträge verschleiern (Bridges 2018). Diese Ungewissheit und das Fehlen klarer Karriereentwicklungen können junge Fachkräfte davon abhalten, in die Branche einzusteigen.

Der fortschreitende digitale Wandel im Verlagswesen bringt sowohl Chancen als auch Herausforderungen für den Stellenmarkt mit sich. Die Verlagsbranche muss ihre traditionellen Rollen strategisch überarbeiten, sich an neue Berufsprofile anpassen und die Dynamik von Freiberuflichkeit und Festanstellung zum Nutzen aller Beteiligten innovativ steuern. Das Wachstum und die Widerstandsfähigkeit der Branche werden letztlich von ihrer Fähigkeit abhängen, dynamische und talentierte Arbeitskräfte anzuziehen und zu halten. Die Branche muss das Potenzial und die Wünsche junger Fachkräfte erkennen und nutzen, um nicht mit anderen Branchen um die Nachwuchskräfte zu konkurrieren.

Literatur

Bhaskar, Michael. (2020). AI and Publishing. What next?. In: *Logos, 31*, p. 13–19. https://doi.org/10.1163/18784712-03103003.

Bridges, Lauren E. "Flexible as freedom? The dynamics of creative industry work and the case study of the editor in publishing." *New Media & Society* 20.4 (2018): 1303–1319.

Griem, Julika. (2021) *Szenen des Lesens. Schauplätze einer gesellschaftlichen Selbstverständigung.* Bielefeld: transcript. https://doi.org/10.1515/9783839458792.

Kaebnick, Gregory E./Magnus, David Christopher/Kao, Audiey/Hosseini, Mohammad/ Resnik, David/Dubljević, Veljko/Rentmeester, Christy/ Cherry, Mark J. (2023). Editors' statement on the responsible use of Generative AI Technologies in Scholarly Journal Publishing. *Ethics & Human Research*, 45(5), 39–43. 10.1002/eahr.500182.

Pickering, Ruth/Ismail, Matthew/Hook, Daniel W./Porter, Simon J./ Coleman, Catherine Nicole/Keller, Michael A./Weis, James W./Brand, Amy/Gramatica, Ruggero/Dindo, Haris/Carpenter, Todd A. (2022). *Artificial Intelligence in Libraries and Publishing.* https://doi.org/10.3998/mpub.12669942.

Price, Ludi. (2022). *Fanfiction, Self-Publishing, and the Materiality of the Book. A Fan Writer's Autoethnography.* London: University of London. https://doi.org/10.3390/h11040100.

Ren, Xiang. Understanding the Digital Publishing Economy: From eBook Disruption to Platform Ecosystem. In: The SAGE handbook of the digital media economy. SAGE Publications Ltd. 2023 301–324. https://doi.org/10.4135/9781529757170

Rodzvilla, John. (2023) What Outfit Shall the Protagonist Wear? In: *LOGOS (34) Ausgabe 2*. p. 26–39. https://doi.org/10.1163/18784712-03104064.

Ross, M.N. (2021). *Publishing in the Digital Age: How Business Can Thrive in a Rapidly Changing Environment* (1st ed.). Routledge. https://doi.org/10.4324/9781003162636.

Siler, Kyle (2017). Future Challenges and Opportunities in Academic Publishing. *The Canadian Journal of Sociology/Cahiers Canadiens de Sociologie*, 42(1), 83–114. https://www.jstor.org/stable/90009690.

Sankar, Mallika/Nagarathinam, Aishwarya/Paramasivan, Senthilmurugan/Chellasamy, Aarthy. (2022). *Best Practices and Navigating the Effects of Open Access Journals in Scholastic Publication.* In: Daniel Gelaw Alemneh (Eds.), *Handbook of Research on the Global View of Open Access and Scholarly Communications Advances in Knowledge Acquisition, Transfer, and Management.* (p. 267–287). https://doi.org/10.4018/978-1-7998-9805-4.ch013.

Walzer, Dorothea. (2023). Ubiquitäres Publizieren. Zur Theorie und Geschichte des Selbstveröffentlichens. Journal of Literary Theory, 17(1), 11–37. https://doi.org/10.1515/jlt-2023-2002.

Zhang, Mingjie and Song, Fangbin. (2021). Cultivation of Entrepreneurial Psychology and Innovation Ability by New Media Art Under the Reform of Publishing Industry. In: *Frontiers in Psychology, Volume 12*, p. 725–749. https://doi.org/10.3389/fpsyg.2021.7257498/.

Abbildungen

Abbildung 1: Screenshot von *thebookseller.com*. https://jobs.thebookseller.com/jobs/publishing (abgerufen am: 01.04.2024).

Abbildung 2: Screenshot von *boersenverein.de*. https://www.boersenverein.de/jobboerse/ (abgerufen am: 01.04.2024).

7

Nachwuchskräfte im Verlagswesen

Isabell Eder, Johanna Kreitz, Lea Rußwurm,
Elena Telke und Michelle Elke Thurn

7.1 Einleitung

Die sich wandelnde Verlagslandschaft, angetrieben durch technologische Fortschritte und sich verändernde gesellschaftliche Einstellungen, bietet eine Mischung aus Herausforderungen und Chancen, insbesondere für

---

I. Eder (✉) · J. Kreitz
Johannes Gutenberg University Mainz, Mainz, Deutschland
E-Mail: ieder@students.uni-mainz.de; jkreitz@students.uni-mainz.de

L. Rußwurm
Johannes Gutenberg University Mainz, Witten, Deutschland
E-Mail: lrusswur@students.uni-mainz.de

E. Telke
Johannes Gutenberg University Mainz, Olsberg, Deutschland
E-Mail: etelke@students.uni-mainz.de

M. E. Thurn
Johannes Gutenberg University Mainz, Klein-Winternheim, Deutschland
E-Mail: mthurn@students.uni-mainz.de

© Der/die Autor(en), exklusiv lizenziert an Springer Fachmedien Wiesbaden GmbH, ein Teil von Springer Nature 2025
L. Gürtler et al. (Hrsg.), *Young Professionals in Publishing – Nachwuchskräfte im Verlagswesen*, https://doi.org/10.1007/978-3-658-45330-5_7

angehende Fachkräfte in diesem Bereich. In diesem Kapitel wird erläutert, wie sich die komplexe Dynamik der Verlagsbranche auf den Berufseinstieg von Nachwuchskräften im Verlagswesen auswirkt. Im Mittelpunkt dieses Kapitels steht eine kurze Zusammenfassung der wichtigsten Herausforderungen, der besonderen Vorzüge und der potenziellen Hindernisse, mit denen junge Fachkräfte auf ihrem Karriereweg im Verlagswesen konfrontiert sind.

Die Verlagsbranche durchläuft einen Veränderungsprozess, der hauptsächlich durch technologische Innovationen vorangetrieben wird, die eine Umwandlung traditioneller Verlagsstrukturen in dynamischere, digital orientierte Modelle erfordern. Nachwuchskräfte kommen in diesen Bereich, ausgestattet mit Fähigkeiten und Perspektiven, die besonders geeignet sind, diese Veränderungen zu bewältigen. Ihre digitalen Kompetenzen, ihre Anpassungsfähigkeit an technologische Entwicklungen und ihre Kenntnisse im Umgang mit sozialen Medien sind ein wichtiger Beitrag zur Weiterentwicklung für Unternehmen (Naim 2022). Ergänzt werden diese Fähigkeiten durch ihr Verständnis für jüngere demografische Entwicklungen und aktuelle gesellschaftliche Themen wie die Vielfalt am Arbeitsplatz und die Bedeutung von Inklusion.

Dennoch stoßen Nachwuchskräfte auf Hindernisse, denn es besteht eine Ungleichheit zwischen ihren Fähigkeiten, Erwartungen und den traditionellen Strukturen und Rollen innerhalb der Verlagsbranche. Zwischen den Erwartungen junger Fachkräfte in Bezug auf Karriereentwicklung, Autonomie, Wochenarbeitszeit und Homeoffice/Remote-Arbeit und den ihnen zur Verfügung stehenden praktischen Beschäftigungsmöglichkeiten klafft oft eine große Lücke. Diese Diskrepanz kann zu Desillusionierung und möglicherweise sogar zu einem Branchenwechsel führen (McCoy 2021; „Society of Young Publishers" 2024).

Es ist entscheidend, dass Verlage die Stärken erkennen, die junge Fachkräfte mitbringen, einschließlich ihrer technologischen Kompetenzen, innovativen Denkweisen und ihrem Engagement für Diversität und Inklusion, und ein Arbeitsumfeld fördern, das diese Stärken unterstützt (O'Brien und Arnold, 2022). Um dem Wettbewerb in der Branche und den begrenzten Einstiegsmöglichkeiten zu begegnen, sollten Verlage gezielte Strategien entwickeln, die die Erwartungen und Bemühungen dieser jungen Fachkräfte berücksichtigen und ihnen gleichzeitig Möglichkeiten bieten, ihre Fähigkeiten zu erweitern und sich beruflich weiterzuentwickeln.

Gleichzeitig sollten junge Fachkräfte den Einsatz ihrer Fähigkeiten strategisch optimieren, indem sie offen für den Erwerb neuer Fähigkeiten bleiben, um sich an die sich ändernden Anforderungen der Branche anzupassen. In diesem Kapitel wird versucht, die Erwartungen der Nachwuchskräfte mit der Realität der Verlagsbranche in Beziehung zu setzen und gleichzeitig die transformative Rolle hervorzuheben, die die jungen Fachkräfte bei der Gestaltung einer aktiven, integrativen und technologisch fortschrittlichen Verlagslandschaft spielen.

7.2 Herausforderungen für Unternehmen im Verlagswesen

In der Verlagsbranche führen technologische Transformationen und sich verändernde Marktanforderungen zu erheblichen Veränderungen. Das Tempo, in dem sich Unternehmen anpassen müssen, ist beträchtlich, und die Fähigkeit, dies effektiv zu tun, stellt eine große Herausforderung dar.

Neben den traditionellen Publikationskanälen hat das digitale Zeitalter nicht nur neue digitale Publikationsformate eröffnet, wie Open Access oder E-Books vor einigen Jahren oder generative KI heute, mit denen die Verlage umgehen lernen müssen, um erfolgreich zu sein, sondern auch neue Wege der Monetarisierung (z. B. abonnementbasierte Modelle) und der Förderung ihrer Inhalte (Waltham 2003; Lewis 2022; Rodzvilla 2023; Bhaskar 2020). Weitere Beispiele in dieser Auswahl von technologischen und Geschäftsmodellentwicklungen sind die sozialen Medien und die sogenannten „Influencer"; letztere werden zu wichtigen Partnern für Verlage, die nicht ignoriert werden können (Hebert 2021). Darüber hinaus wird das Aufkommen von KI einen noch größeren Einfluss auf die Strategien und Abläufe von Unternehmen haben (McIlroy 2023; „People Plus Machines", 2020).

Trotz des Potenzials von Technologien, wie z. B. Tools zur Unterstützung der Klassifizierung von Inhalten durch Metadaten oder zur automatischen Erkennung von Plagiaten, stellen diese Technologien eine große Herausforderung dar, wenn es darum geht, mit der Entwicklung Schritt zu halten, sie wirksam einzusetzen, die Qualität der Inhalte zu erhalten und wettbewerbsfähig zu bleiben („People Plus Machines", 2020). Parallel dazu beeinflussen die gesellschaftlichen Veränderungen die Erwartungen junger Fachkräfte, die in die Verlagswelt eintreten. Neue Trends und Interessen bei jungen Menschen sowie kulturelle und sprachliche Veränderungen in den jüngeren Generationen prägen die Verlagsbranche mit einem vielfältigen Spektrum, das weitere Anpassungsfähigkeit erfordert (Walzer et al. 2019; Klaffke 2014; McCoy 2021). Deshalb haben wir – über den rein technologisch bedingten Wandel hinaus – „Diversität und Inklusion" als Herausforderung aufgenommen.

Mit den sozialen Medien Schritt halten
Eine der größten Herausforderungen für Unternehmen in der heutigen Verlagsbranche besteht darin, soziale Medien zu verstehen und effektiv zu ihrem Vorteil zu nutzen. Das Internet ist für die große Mehrheit der jungen Fachkräfte zur wichtigsten Informationsquelle geworden (Kemp 2023). Da Autor*innen über Plattformen wie Facebook, Instagram und X (ehemals Twitter) eine verstärkte Stimme und Zugänglichkeit erhalten, sind Verlage gezwungen, die traditionellen Marketingmechanismen neu zu betrachten (Taylor 2024; Johnson und Simpson 2022). Ein auffälliger Trend, der die sozialen Medien prägt, ist die wachsende Popularität von „BookTok", einem TikTok-Segment, das von der Werbung für Bücher lebt. Die impulsiven Kaufentscheidungen, die durch diese Plattformen ausgelöst werden, lassen den Umsatz in die Höhe steigen (Currenti 2023; The Bookseller 2021; Flood 2021). Allerdings kann es für die Branche eine schwierige Aufgabe sein, sich auf diese sich ständig ändernden Trends einzustellen, das zugrunde liegende Nutzerverhalten zu verstehen und die Strategien kontinuierlich anzupassen, um an der Spitze der Trends zu bleiben.

Die Verlagsbranche muss unbedingt einen aktiven Omnichannel-Ansatz für Social-Media-Plattformen in Betracht ziehen und ansprechende, wirkungsvolle Inhalte für dieses junge Publikum erstellen

(Johnson und Simpson 2022). In Zusammenarbeit mit Content Creators und bekannten Persönlichkeiten können Verlage die Macht des Influencer-Marketings nutzen, um ihre Bücher bei einem breiten Publikum bekannt zu machen und den Verkauf anzukurbeln (Hebert 2021), sodass selbst Backlist-Titel eine zweite Chance auf der Bestsellerliste erhalten (The Bookseller 2021). Die Verlage müssen ihre Strategien individuell an die jeweilige Social-Media-Plattform anpassen und mit der Geschwindigkeit Schritt halten, mit der sich die Social-Media-Trends weiterentwickeln. Eine weitere Herausforderung für die traditionellen Verlage ist der wachsende Anteil von Self-Publishern. Die Zugänglichkeit verschiedener Veröffentlichungsplattformen wie Amazons Kindle Direct Publishing hat es für Autor*innen einfacher gemacht, im Selbstverlag zu veröffentlichen (Ren 2022). Verlage müssen sich von der Masse abheben, wenn sie auf einem Markt, der von selbst veröffentlichten Inhalten überschwemmt ist, eine Chance haben wollen. Die geschickte Nutzung von Content Creators und Influencern in Marketingstrategien kann eine Möglichkeit sein, eine größere Leserschaft zu gewinnen (Hebert 2021; The Bookseller 2021; Currenti 2023).

Neue und schnell wechselnde Technologien
Durch Fortschritte in den Bereichen künstliche Intelligenz (KI), maschinelles Lernen und andere technologische Innovationen erlebt die Verlagslandschaft einen raschen digitalen Wandel („People Plus Machines", 2020; McIlroy 2023). Diese Technologien erfordern erhebliche Investitionen in die Infrastruktur und die entsprechenden Qualifikationen, um ihr Potenzial zu erfassen und zu nutzen („People Plus Machines" 2020). So kann die KI beispielsweise verschiedene Bereiche des Verlagsgeschäfts automatisieren, darunter das Korrekturlesen von Texten sowie die Erstellung von Hörbüchern oder personalisierten Empfehlungen für Kund*innen. Die Integration dieser Technologien erfordert jedoch Schulungen und Anpassungsmaßnahmen, sowohl in Bezug auf finanzielle Investitionen als auch auf eine erhebliche Umstellung der etablierten Abläufe (McIlroy 2023). Ein weiterer Bereich der Technologie, der das Verlagswesen beeinflusst, ist die Digitalisierung. Verlage müssen sich nach wie vor zunehmend an digitale Formate und Inhalte (wie z. B. E-Books und Open-Access-Publikationen) anpassen (Lewis 2022). Während diese

digitalen Angebote Reichweite und Zugänglichkeit erhöhen, führen sie ebenfalls zu neuen Herausforderungen wie Piraterie, digitalen Einschränkungen beim Leseerlebnis und veränderten Umsatzmodellen (Waltham 2003; Lewis 2022).

Vielfalt und Inklusion
Die Schaffung eines vielfältigen und inklusiven Arbeitsplatzes hat sich als wichtige Anforderung für Unternehmen herausgestellt. Die Verlagsbranche wird jedoch üblicherweise als wenig demografisch vielfältig wahrgenommen, was Fragen nach der Repräsentativität der veröffentlichten Inhalte aufwirft (O' Brien und Arnold 2022; Booth und Narayan 2021). Daher kann es eine komplexe Aufgabe sein, eine vielfältige Belegschaft zu gewinnen, die die Heterogenität der Leserschaft widerspiegelt. Vor allem ist es eine Herausforderung, sicherzustellen, dass der Inhalt kulturelle, soziale und sprachliche Veränderungen widerspiegelt, wie z. B. das steigende Interesse an politischen und LGBTQ+-Themen (Garms 2023). Die Zielgruppe zu kennen (Börsenverein 2023) und ihre Leseinteressen (Chapman 2020) ist für Verlage wichtig, ebenso wie zu wissen, wie und wo junge Leser*innen lesen und erreicht werden können (Garms 2023; Sari et al. 2023). Da Nachwuchskräfte näher an der jungen Zielgruppe sind, können sie wertvolle Einblicke bieten.

7.3 Fähigkeiten und Stärken von jungen Fachkräften

Betrachtet man die besonderen Stärken junger Fachkräfte, so ist klar, dass diese Eigenschaften den Verlagen in der sich schnell entwickelnden digitalen Welt erhebliche Vorteile bieten. In diesem Abschnitt soll untersucht werden, wie die im vorherigen Abschnitt genannten Herausforderungen angegangen werden können. Junge Fachkräfte können Verlagen deutliche Vorteile bieten, wie zum Beispiel die Kenntnis sozialer Medien, die Fähigkeit, sich schnell an innovative Technologien und Trends anzupassen, das Engagement für Vielfalt und Inklusion und das Potenzial, frische Perspektiven zu bieten.

7 Nachwuchskräfte im Verlagswesen

Eine der wichtigsten Stärken junger Fachkräfte liegt in ihrer Fähigkeit, Social-Media-Plattformen effektiv zu nutzen (Flood 2021). Digitale Plattformen wie Instagram, X (ehemals Twitter) und neuerdings TikTok wachsen weiter und spielen in der Marketingstrategie von Verlagen eine immer größere Rolle. Junge Berufstätige, die zu den Digital Natives gehören und quasi damit aufgewachsen sind, haben daher weniger Schwierigkeiten, sich auf diesen Plattformen zurechtzufinden und zu verstehen, wie sie diese Leserschaft oder auch Zielgruppen effektiv erreichen und ansprechen können. Für Verlage ist dies von unschätzbarem Wert. Sie verstehen nicht nur die Feinheiten dieser Plattformen, sondern wissen auch, wie man ansprechende Inhalt erstellt und eine Online-Community aufbaut, insbesondere unter ihren Gleichaltrigen. Ein Beispiel hierfür wäre der bereits erwähnte Trend „BookTok", bei dem junge Influencer über ihre Lieblingsbücher auf der Plattform TikTok regelmäßig posten, und welcher in Vergangenheit zu einem Anstieg der Verkaufszahlen der beworbenen Titel geführt hat (Börsenverein 2023; Currenti 2023; The Bookseller 2021). Diese Online-Kenntnisse und das verinnerlichte Verständnis des virtuellen Raums unter Nachwuchskräften könnte Verlage dazu bringen, das Potenzial der sozialen Medien effektiver zu nutzen.

Junge Fachkräfte zeigen einen intuitiven Umgang mit Technologie. Sie zeigen die Fähigkeit, neue digitale Werkzeuge und Technologien, die den Arbeitsablauf optimieren, schnell zu erfassen, anzupassen und umzusetzen (Klaffke 2014). Mit der ständig sich verändernden digitalen Verlagslandschaft, unterstrichen durch aufkommende Technologien wie Künstliche Intelligenz und Maschinelles Lernen („People Plus Machines", 2020), kann die Bereitschaft junger Fachkräfte, sich über neue Trends auf dem Laufenden zu halten, Verlage wettbewerbsfähig und relevant halten.

Im Einklang mit der globalen Bewegung hin zur Nachhaltigkeit, sind angehende Fachkräfte besonders sensibel für Themen des Klimawandels und Umweltprobleme (Tyson et al. 2021). Als Ergebnis sind sie wahrscheinlich geneigt, für umweltfreundlichere Praktiken in der Branche einzutreten, wie zum Beispiel einen nachhaltigen physischen Buchdruck und die Reduktion von Verpackungsabfall. Sie schätzen es auch, für Unternehmen zu arbeiten, die diese ethischen und umweltfreundlichen Werte teilen. Dieses Bewusstsein könnte die Zukunft der Branche in

Richtung nachhaltigerer Praktiken lenken, was zu einem besseren Ruf bei der jungen Zielgruppe und damit möglicherweise zu höheren Umsätzen beiträgt (Engelstädter und Fisk 2023; Walzer et al. 2019).

Vielfalt und Inklusion haben für junge Fachkräfte eine erhebliche Bedeutung (Booth und Narayan 2021; Jack et al. 2023; Walzer et al. 2019). Untersuchungen legen nahe, dass diese Bevölkerungsgruppe Repräsentation über alle Bereiche hinweg fordert, einschließlich ethnischer Herkunft, Geschlecht und sexueller Orientierung (Booth und Narayan 2021), was im Einklang mit aktuellen gesellschaftlichen Bewegungen und Entwicklungen einhergeht, die sich für Inklusion einsetzen und für die Verlage wertvoll sind. Eine vielfältigere Belegschaft könnte dazu ermutigt werden, Inhalte zu kuratieren, die unterschiedliche Perspektiven bieten, und so das Inhaltsportfolio eines Verlags zu erweitern.

Und schließlich kann die zunehmende Aufmerksamkeit und das Bewusstsein für Fragen der Vielfalt, Gleichberechtigung, Inklusion und Zugänglichkeit unter jungen Fachkräften (O'Brian und Arnold 2022; Jack et al., 2023) die Chancen für die Branche erhöhen, Vorurteile abzubauen und eine ausgewogenere Machtdynamik in den Beziehungen zwischen Autor*innen und Verleger*innen zu fördern, die auch die Vielfalt der Leserschaft besser widerspiegelt.

7.4 Mögliche Herausforderungen für junge Fachkräfte

Trotz des Potenzials, das Berufseinsteiger*innen in den Verlagsbereich einbringen, gibt es nach wie vor zahlreiche Herausforderungen. Ein wesentliches Problem liegt in der Diskrepanz zwischen den Erwartungen der Branche und den Erfahrungen der Berufseinsteiger*innen. Die Erwartungen an den Arbeitsplatz und die Realität stehen oft in starkem Kontrast zueinander, insbesondere was die Vereinbarkeit von Arbeit und Leben oder die Vergütung und Arbeitsplatzsicherheit betrifft (Society of Young Publisher 2024; McCoy 2021). Junge Fachkräfte schätzen zum Beispiel flexible Arbeitszeiten und die Möglichkeit, von zu Hause aus zu arbeiten (Walzer et al. 2019; Klaffke 2014). Der Einstieg in die hochkompetitive Verlagsbranche kann auch erhebliche Herausforderungen für Nachwuchskräfte darstellen, da Einstiegspositionen begrenzt sind. Zusätzlich müssen Verlage, die angehende Fachkräfte in die Branche einsteigen lassen wollen, auch eine vielfältige Belegschaft aufbauen, was zu einem Interessenkonflikt führen kann (Booth und Narayan 2021; Jack et al., 2023).

Darüber hinaus kann die hierarchische Natur der Branche Herausforderungen bei der Annahme von Autorität darstellen, während sie auch Möglichkeiten für generationenübergreifendes Lernen und Zusammenarbeit bietet (Walzer et al. 2019). Jüngere Generationen, wie Millennials und Gen Zs, zeigen oft eine Bereitschaft, neue Technologien zu übernehmen und Vielfalt zu fördern, was das Arbeitsumfeld bereichern kann. Der Widerstand von älteren Generationen, wie Gen X und Babyboomer, kann jedoch die reibungslose Integration von digitalen Innovationen behindern (McCoy 2021). In erster Linie könnten Unterschiede im Verständnis, in der Akzeptanz und der Bereitschaft, Innovationen innerhalb des digitalen Publizierens auszuprobieren, zu betrieblichen Ineffizienzen und Spannungen am Arbeitsplatz führen. Jedoch kann diese Gegenüberstellung verschiedener Generationen auch als Werkzeug für Wissens- und Erfahrungsaustausch dienen, bei dem sowohl die älteren als auch die jüngeren Demografien voneinander lernen und wachsen können, was Vielfalt und Innovation fördert. Im Wesentlichen können hierarchische Strukturen Hürden darstellen, wenn es darum geht, die Wünsche und Bedürfnisse jeder Generation zu akzeptieren, während sie gleichzeitig ein Umfeld fördern, in dem Generationen mit unterschiedlichem Fachwissen und unterschiedlichen Einstellungen zu digitalen Technologien und modernen Arbeitsstrukturen zusammenarbeiten und Wege für gegenseitiges Lernen und Wachstum bieten (Raatikainen et al. 2023; Walzer et al. 2019; Klaffke 2014; Society of Young Publisher 2024).

Auch der anfängliche Mangel an branchenspezifischen Netzwerken kann Berufseinsteiger*innen benachteiligen. Dies ist zwar ein allgemeines Problem für alle Branchen zu Beginn der beruflichen Laufbahn, aber in der Verlagsbranche ist es von besonderer Bedeutung, da Verbindungen zu Kolleg*innen, Autor*innen, Kund*innen und Branchenexpert*innen für das berufliche Fortkommen entscheidend sind. Jungen Fachkräften könnten jedoch zunächst die Netzwerke und das Selbstvertrauen fehlen, um diese Verbindungen zu knüpfen, was sie in eine benachteiligte Position bringt (Dawkins 2022). Um dem Fachkräftemangel entgegenzuwirken, muss aber auch Quereinsteiger*innen und Berufsanfänger*innen ohne große Vorerfahrung und viele Verbindungen der Weg in die Branche geebnet werden. Die schnelle Verbreitung digitaler Technologien und die Einführung künstlicher Intelligenz sorgen für Unsicherheit auf dem zukünftigen Arbeitsmarkt im Verlagswesen. Bedenken hinsichtlich der Automatisierung von Arbeitsplätzen und dem Bedarf an neuen Fähigkeiten lösen oft Ängste bei Berufseinsteiger*innen aus, die sich Sorgen machen, ob sie mit den sich verändernden Anforderungen der Branche Schritt halten können („People Plus Machines" 2020; Callahan und Joseph 2023).

Diese Hürden können jedoch überwunden werden. Arbeitgeber spielen eine entscheidende Rolle beim Abbau dieser Barrieren durch ein förderndes, unterstützendes Arbeitsumfeld. Dazu gehören eine klare Kommunikation der Jobanforderungen, die Bereitstellung von Schulungs- und persönlichen Entwicklungsmöglichkeiten und die Pflege eines Arbeitsplatzes, an dem Vielfalt und Innovation geschätzt werden. Die Förderung eines Umfelds, in dem alle Generationen ihre Ideen und Erfahrungen austauschen können, kann auch Spannungen verringern, die durch Generationsunterschiede entstehen. Es liegt auf der Hand, dass die Verlagsbranche, wie andere Branchen auch, eine Phase des Wandels durchläuft und die Überwindung dieser Hindernisse für die Gewinnung und Bindung von Nachwuchskräften, die die Zukunft der Branche gestalten, von größter Bedeutung ist (Muskat und Reitsamer 2020; Klaffke 2014; Walzer et al. 2019; Society of Young Publisher 2024).

Während Berufseinsteiger*innen diesen Herausforderungen gegenüberstehen, muss die Verlagsbranche ähnliche Transformationen durchlaufen. Der technische Fortschritt darf nicht ignoriert werden, sondern muss als Chance gesehen werden, ihn effektiv in die Verlagsarbeit und -produkte zu integrieren, um als Vorreiter zu agieren und nicht hinter dem digitalen Wandel zurückzubleiben. Sowohl junge Fachkräfte als auch die Branche müssen Widerstandsfähigkeit, Flexibilität und Innovationsfähigkeit zeigen, um diese Hindernisse zu überwinden.

Literatur

Bhaskar, Michael. (2020). AI and Publishing. What next?. In: *Logos, 31*, p. 13–19. https://doi.org/10.1163/18784712-03103003.

Börsenverein (2023). Junge Zielgruppen im Buchmarkt 2023. Börsenverein des Deutschen Buchhandels. https://www.boersenverein.de/markt-daten/marktforschung/studien-umfragen/junge-zielgruppen-im-buchmarkt-2023/

Booth, E. & Narayan, B. (2021). Identifying Inclusion: Publishing Industry Trends and the Lack of #OwnVoices Australian Young Adult Fiction. *Research on Diversity in Youth Literature, 2021, 3, (1), pp. 1–38.* http://hdl.handle.net/10453/148441

Callahan, C. & Joseph, S. (2023, October 19). The numbers behind how Gen Z is really using AI. Worklife. https://www.worklife.news/talent/the-numbers-behind-how-gen-z-is-really-using-ai/

Chapman, L. (2020). What are teenagers reading? An exploration into the reading lives of a class of year 9 pupils. *English in Education 54*(2), 146–160. https://doi.org/10.1080/04250494.2019.1623667

Currenti, M. (2023). TikTok as a Marketing Tool in the Hands of Publishers. *Logos, 34*(1), 24–37. https://doi.org/10.1163/18784712-03104056

Dawkins, J. O. (2022, December 29). *Gen Z lacks the communication and networking skills needed for the workforce: Companies need to train them.* Business Insider. https://www.businessinsider.com/gen-z-communication-and-networking-skills-work-2022-12

Engelstädter, J., & Fisk, P. (2023). Sustainable and Profitable Growth in Publishing: Lessons from the 2022 Canon Future Book Forum. *Logos, 33*(4), 33–38. https://doi.org/10.1163/18784712-03104051

Flood, A. (2021, June 25). The rise of BookTok: meet the teen influencers pushing books up the charts. *The Guardian.* https://www.theguardian.com/books/2021/jun/25/the-rise-of-booktok-meet-the-teen-influencers-pushing-books-up-the-charts

Garms, J. (2023, March 29). *How Publishers are building connections with young audiences.* Digital Content Next. https://digitalcontentnext.org/blog/2023/03/29/how-publishers-are-building-connections-with-young-audiences/

Hebert, J.J. (2021, August 25). *Influencer Marketing: A Secret Weapon For Book Promotion.* Forbes. https://www.forbes.com/sites/forbesbusinesscouncil/2021/08/25/influencer-marketing-a-secret-weapon-for-book-promotion/

Jack, L., Jr, Olson, P. J., Baskin, P. K., & Iwuchukwu, O. F. (2023). Building Diversity, Equity, Inclusion, and Accessibility Capacity: Resources to Promote

Best Practices Among Professionals in Scholarly Publishing. *Preventing chronic disease, 20*, E105. https://doi.org/10.5888/pcd20.230332

Johnson, M. J., & Simpson, H. A. (2022). *Social Media Marketing for Book Publishers*. Routledge.

Kemp, S. (2023, October 19). Digital 2023 October Statshot Report. *Datareportal*. https://datareportal.com/reports/digital-2023-october-global-statshot

Klaffke, M. (2014). Millennials und Generation Z – Charakteristika der nachrückenden Arbeitnehmer-Generationen. In M. Klaffke (Ed.), *Generationen-Management: Konzepte, Instrumente, Good-Practice-Ansätze* (pp. 57–82). Springer Gabler. https://doi.org/10.1007/978-3-658-02325-6_3

Lewis, D. W. (2022). Digital Publishing's Four Challenges. *The Journal of Electronic Publishing 25*(1). https://doi.org/10.3998/jep.2012

McCoy, A. H. (2021). Millennials' Future Employment Expectations and Challenges. *Walden Dissertations and Doctoral Studies*. 11006. https://scholarworks.waldenu.edu/dissertations/11006

McIlroy, T. (2023, December 15). How Publishers Can Navigate the AI Revolution. Publishers Weekly. https://www.publishersweekly.com/pw/by-topic/digital/content-and-e-books/article/93963-how-publishers-can-navigate-the-ai-revolution.html

Muskat, B. & Reitsamer, B. F. (2020). Quality of work life and Generation Y: How gender and organizational type moderate job satisfaction. *Personnel Review 49*(1), 265–283. https://doi.org/10.1108/PR-11-2018-0448

Naim, Mohammad Faraz: Managing Generation Z in Gig Economy: Towards an Integrative Framework of Talent Management. In: Sustainability in the Gig Economy, p.293–303. Springer: 2022. https://doi.org/10.1007/978-981-16-8406-7_22.

O' Brien, A. & Arnold, S. (2022). Creative industries' new entrants as equality, diversity and inclusion change agents? *Cultural Trends*. https://doi.org/10.1080/09548963.2022.2141100

People Plus Machines: The role of Artificial Intelligence in Publishing. (2020, October 7). The Publishers Association. https://www.publishers.org.uk/publications/people-plus-machine

Raatikainen, E., Savolainen, T., Järvensivu, A., Isacsson, A., Simola-Alha, N. & Heinilä, H. (2023). Trust at work – described by young professionals in the early stages of their careers. *Higher Education, Skills and Work-Based Learning 13*(6), 1037–1053. https://doi.org/10.1108/HESWBL-04-2022-0093

Ren, Xiang. Understanding the Digital Publishing Economy: From eBook Disruption to Platform Ecosystem. In: The SAGE handbook of the digital media economy. SAGE Publications Ltd. 2022 301–324. 10.4135/9781529757170

Rodzvilla, John. (2023) What Outfit Shall the Protagonist Wear? In: *LOGOS (34) Ausgabe 2.* p. 26–39. https://doi.org/10.1163/18784712-03104064.

Sari, I. P., Karina, J., Angraini, J. R., & Badriyah, L. (2023). The Effect of Gadgets On The Development of Interest In Reading. *International Journal of Education and Teaching Zone, 2*(1), 156–169. https://doi.org/10.57092/ijetz.v2i1.109.

Society of Young Publisher. "Bookmachine Panel: How to Lead Now: Millennials in management and Gen Z in the workforce." (January 2, 2024). https://thesyp.org.uk/2024/01/bookmachine-panel-how-to-lead-now-millennials-in-management-and-gen-z-in-the-workforce/

Taylor, M. The Role of Social Media in Self-Publishing: How It's Shaping the Industry. (September 18, 2024). Spines. https://spines.com/the-role-of-social-media-in-self-publishing/

The Bookseller. "Meet the BookTokers giving backlist titles a shot in the arm through the pandemic". (2021, July 2). https://www.thebookseller.com/features/meet-booktokers-giving-backlist-titles-shot-arm-through-pandemic-1267152

Tyson, A., Kennedy, B. & Funk, C. (2021, May 26). *Gen Z, Millennials Stand Out for Climate Change Activism, Social Media Engagement With Issue.* Pew Research Center. https://www.pewresearch.org/science/2021/05/26/gen-z-millennials-stand-out-for-climate-change-activism-social-media-engagement-with-issue/

Waltham, M. (2003). Challenges to the role of publishers. *Learned Publishing, 16*(1), 7–14. https://doi.org/10.1087/095315103320995032

Walzer, D., Thomas, P.M. & Fliegen, I. (2019). Young Professionals: Gewinnen – Halten – Weiterentwickeln. In Walzer, D. (ed.), *Young Professionals gewinnen, halten, weiterentwickeln: Zukunftsfähige Mitarbeiterbindung von Nachwuchskräften* (pp. 83–126). Springer Gabler. https://doi.org/10.1007/978-3-658-26875-6_2

8

Die Perspektiven junger Fachkräfte im Verlagswesen verstehen

Alicia Bopp, Sandra Ritzinger und Laura Zinganell

8.1 Einleitung

Um die Erwartungen und Perspektiven junger Fachkräfte in der Verlagsbranche zu verstehen, muss man ihre Prioritäten, ihre Wünsche und die Herausforderungen kennen, denen sie sich in einem sich digital entwickelnden Arbeitsmarkt stellen müssen. Nachwuchskräfte suchen mehr als nur finanzielle Vergütungen; sie wünschen sich darüber hinaus eine ausgewogene Work-Life-Balance, Möglichkeiten zur persönlichen und

---

A. Bopp (✉)
Johannes Gutenberg University Mainz, St. Leon-Rot, Deutschland
E-Mail: abopp@students.uni-mainz.de

S. Ritzinger
Johannes Gutenberg University Mainz, Offenburg, Deutschland
E-Mail: sritzing@students.uni-mainz.de

L. Zinganell
Johannes Gutenberg University Mainz, Leun, Deutschland
E-Mail: lzingane@students.uni-mainz.de

beruflichen Weiterentwicklung und einen Arbeitsplatz, an dem neue Technologien, Vielfalt und Inklusion geschätzt werden. Die weltweite Verlagerung hin zu flexiblen Arbeitsregelungen unterstreicht die sich wandelnden Anforderungen der Mitarbeitenden an ihre Arbeitsstellen. Theoretische Rahmenwerke wie die Maslowsche Bedürfnishierarchie und die Zwei-Faktoren-Theorie von Herzberg bieten Einblicke in diese sich entwickelnden Erwartungen und betonen, wie wichtig es ist, die individuellen Wünsche mit den Unternehmenszielen in Einklang zu bringen. HR-Praktiken spielen in diesem Zusammenhang eine wichtige Rolle, da effektive Strategien für Rekrutierung, Ausbildung und Karriereentwicklung entscheidend sind, um die Bedürfnisse junger Fachkräfte zu erfüllen. Das Konzept der fairen Entlohnung geht über das bloße Gehalt hinaus und umfasst Leistungen wie bezahlte Weiterbildungen, die bezahlte Freistellung für Branchenevents oder die Bezuschussung von Jobtickets für den öffentlichen Nahverkehr. Diese Neubewertung von Vergütungsmodellen ist unerlässlich, um eine Umgebung zu schaffen, in der sich Nachwuchskräfte unterstützt und wertgeschätzt fühlen. Dieses Kapitel befasst sich mit den Erwartungen junger Fachkräfte, die in das Verlagswesen einsteigen, und gibt einen Überblick darüber, was sie sich von ihrem Arbeitsumfeld wünschen, um sie sowohl für das eigene Unternehmen gewinnen zu können als auch ihre Motivation, ihr Engagement und ihre Produktivität zu steigern.

8.2 Die Erwartungen junger Fachkräfte

Die Ansprüche der jüngeren Arbeitskräfte werden durch die sich schnell verändernde digitale Landschaft und die aufkommenden Trends auf dem Arbeitsmarkt geprägt. Diese Generation lässt sich nicht nur von monetären Anreizen wie einer fairen Entlohnung leiten, sondern sucht ein breiteres Spektrum an beruflichen Zusatzleistungen, allem voran die Vereinbarkeit von Berufs- und Privatleben und Karriereentwicklung (Bulinska-Stangrecka und Naim 2021). Eine gute Work-Life-Balance ist eine grundlegende Erwartung unter jungen Fachkräften. In einer Branche, die ein hohes Engagement erfordert, ist die Fähigkeit, ein gesundes Gleichgewicht zwischen beruflichen Verpflichtungen und persönlichem Leben zu halten, von erheblicher Bedeutung. Die Möglichkeit für Homeoffice oder

8 Die Perspektiven junger Fachkräfte im Verlagswesen verstehen

Remote-Arbeit und flexible Arbeitszeiten sind ein bedeutender Faktor für das Erreichen einer Work-Life-Balance. Durch die COVID-19-Pandemie wurde der Übergang hierfür beschleunigt, und junge Arbeitnehmer*innen haben diese neue Norm weitgehend übernommen, wie Studien zeigen (Amalia 2023; Börsenblatt 2022). Flexible Arbeitszeiten bieten ihnen die Autonomie, ihre Zeit und Aufgaben effektiv zu verwalten, was zu einer verbesserten Produktivität und Arbeitszufriedenheit beiträgt.

Aufstrebende Fachkräfte erwarten zudem Karriereentwicklungs- und Wachstumsmöglichkeiten. Sie bevorzugen Arbeitgeber, die ihre Fähigkeiten unterstützen und in ihre Entwicklung investieren (Bulinska-Stangrecka und Naim 2021). Sie schätzen Lernangebote wie Workshops zur Verbesserung ihrer Fähigkeiten, Schulungen oder Weiterbildungen (Naim 2022). Sie wissen, wie wichtig der Aufbau eines soliden beruflichen Netzwerks für die berufliche Weiterentwicklung ist und suchen nach Arbeitgebern, die ihnen solche Gelegenheiten bieten können. Die Möglichkeit an Projekten mitzuarbeiten, an Branchenkonferenzen teilzunehmen oder sich mit Autor*innen, anderen Lektor*innen oder Redakteur*innen auszutauschen, ist besonders wichtig.

Darüber hinaus fordern Nachwuchskräfte eine faire Bezahlung für ihre Arbeit, einschließlich der Berücksichtigung von angesammelten Überstunden. Sie schätzen ihren Wert im digitalen Zeitalter und erwarten eine Vergütung, die ihre Fähigkeiten und Beiträge widerspiegelt und von der sich die Lebenshaltungskosten in den oft teuren Städten, an denen Verlage einen Standort haben, bezahlen lassen (Börsenblatt 2023; Minge 2023). Dies gilt nicht nur für Festanstellungen, sondern auch für Praktika, Teilzeitjobs und Volontariate.

Ihre Arbeitsumgebung beeinflusst ihre Motivation erheblich. Sie suchen technologisch fortschrittliche und inklusive Arbeitsplätze. Eine positive Arbeitskultur, die durch gegenseitigen Respekt, offene Kommunikation, Vielfalt und unternehmerische Verantwortung gekennzeichnet ist, kann die Arbeitszufriedenheit erheblich steigern (Nazarian et al. 2017). Hierbei ist die Wertschätzung guter Arbeit genauso wichtig wie eine faire Vergütung.

Wie hier dargestellt, sind die Erwartungen aufstrebender Fachkräfte in der Verlagsbranche breit gefächert und vielfältig. Die Berücksichtigung dieser Erwartungen kann Verlagen helfen, junge Talente anzuziehen und zu halten, und so Innovation und Wachstum in der Branche fördern.

8.3 Auf die Bedürfnisse und Anliegen neuer Mitarbeitender eingehen

Die Maslowsche Bedürfnishierarchie bietet einen wertvollen Rahmen für das Verständnis der Bedürfnisse von Arbeitnehmer*innen, wie sie empirisch beobachtet wurden. Diese Theorie besagt, dass Individuen fünf Ebenen von Bedürfnissen haben: physiologische Grundbedürfnisse, Sicherheitsbedürfnisse, soziale Bedürfnisse, Individualbedürfnisse sowie das Bedürfnis zur Selbstverwirklichung (Maslow 1943). Diese Bedürfnisse lassen sich auf den Kontext angehender Fachkräfte übertragen, z. B. als Grundgehalt/Arbeitsbedingungen, Jobsicherheit/Arbeitsschutz, eine unterstützende Arbeitsatmosphäre/Qualität der Betreuung, Anerkennung ihrer Fähigkeiten und Bemühungen sowie Aussichten auf persönliches und berufliches Wachstum (Offiong 2009, zitiert nach Ihensekien und Chukwuyem Joel 2023).

In Verbindung damit bietet Herzbergs Zwei-Faktoren-Theorie einen zusätzlichen Blickwinkel, um die Anforderungen von Nachwuchskräften zu verstehen (Herzberg et al. 1959). Diese Theorie unterscheidet zwischen Hygienefaktoren, die zu Unzufriedenheit führen können, wenn sie nicht erfüllt werden, wie Arbeitsbedingungen, zwischenmenschliche Beziehungen und Gehalt, sowie Motivationsfaktoren, die zu Arbeitszufriedenheit führen, wie Erfolg, Anerkennung und der intrinsische Wert der Arbeit selbst (Hersey und Ken 1993 zitiert nach Ihensekien und Chukwuyem Joel 2023). Diese Faktoren sind für die Verlagsbranche von großer Bedeutung, in der die Arbeitsanforderungen sehr hoch sein können. Durch die Umsetzung dieser Bedürfnisse oder eher dieser Hygienefaktoren kann die Unzufriedenheit der Mitarbeitenden vermieden und gleichzeitig die Arbeitszufriedenheit gefördert werden.

Um die Bedürfnisse junger Fachkräfte mit den Anforderungen des Unternehmens in Einklang zu bringen, ist jedoch Fingerspitzengefühl erforderlich. Es ist von entscheidender Bedeutung, auf die Bedürfnisse und Anliegen der Mitarbeitenden einzugehen. Gleichzeitig muss die strategische Ausrichtung mit den Unternehmenszielen, den finanziellen Möglichkeiten und den allgemeinen Branchentrends in Einklang gebracht werden. Dieses Gleichgewicht ist kein statischer Punkt, sondern vielmehr ein dynamischer Prozess, der eine kontinuierliche Anpassung und Überprüfung erfordert. Bei der Formulierung dieses Gleichgewichts spielen HR-Praktiken eine zentrale Rolle, von der Rekrutierung und dem Onboarding bis hin zu Ausbildung, Performance Management und Karriereentwicklung (Ybema et al. 2020). Die Herausforderung für HR besteht darin, die Bedürfnisse und Bedenken junger Fachkräfte in effektive Praktiken umzusetzen, sei es durch transparente Rekrutierungsprozesse, flexible Arbeitsmodelle, umfassende Schulungsprogramme oder faire und transparente Leistungsbewertungsprozesse (Naim 2022).

Im Allgemeinen sind bei der Berücksichtigung der Bedürfnisse von jungen Fachkräften zwei Aspekte von zentraler Bedeutung. Erstens ist es notwendig, ihre Beweggründe und Erwartungen genau zu verstehen. Zweitens müssen die HR-Strategien angepasst werden. In Zeiten des Fachkräftemangels liegt es an Verlagen und Medienunternehmen, auf junge Talente einzugehen und sich auf deren Bedürfnisse einzustellen, um im Wettbewerb mit anderen Unternehmen und Branchen zu bestehen, die diese längst erkannt und sich nach ihnen ausgerichtet haben. Die Theorien von Maslow und Herzberg sind nützliche Werkzeuge zum Verstehen dieser Bedürfnisse. Dennoch erfordert ihre Anwendung eine sorgfältige Berücksichtigung der Gegebenheiten der Verlagsbranche und der individuellen Anforderungen der nächsten Generationen von Mitarbeitenden.

Literatur

Amalia, Rahmatika Sari: Career Choice on Gen Y & Z After the Pandemic Covid 19. A Social Cognitive Career Theory. In: Proceedings of the Conference of Psychology and Flourishing Humanity (PFH 2022), Atlantis Press 2023, p. 265–279. 10.2991/978-2-38476-032-9_27.

Bulinska-Stangrecka, Helena/ Naim, Mohammad Faraz: Brace Up for the New Generation: Decoding the Psychological Contract Expectations of Gen Z in a Digital World. In: Redefining the Psychological Contract in the Digital Era, p. 285–296. Springer Cham: 2021. https://doi.org/10.1007/978-3-030-63864-1_15.

Börsenblatt: Studie zu Young Professionals (9. Dezember 2022), URL: https://www.boersenblatt.net/news/personalia/mobiles-arbeiten-sehr-gewuenscht-266413?ss360SearchTerm=berufseinsteiger, [09.01.2024].

Börsenblatt: Die Zukunft der Branche beginnt mit uns! (*20. Oktober 2023*) https://www.boersenblatt.net/home/die-zukunft-der-branche-beginnt-mit-uns-305865. [09.01.2024].

Herzberg, Frederick/ Mausner, Bernard/ Bloch Snyderman, Barbara: Motivation to Work. New Brunswick/London: Transaction Publishers: 1959. https://books.google.de/books?hl=de&lr=&id=xpsuDwAAQBAJ&oi=fnd&pg=PR12&ots=CghfD2L8fe&sig=JcwJ0B1yPl1toac7VLe051NaqJ8&redir_esc=y#v=onepage&q&f=false.

Ihensekien, Orobosa A./ Chukwuyem Joel Arimie, : Abraham Maslow's Hierarchy of Needs and Frederick Herzberg's Two-Factor Motivation Theories: Implications for Organizational Performance. In: The Romanian Economic Journal (Year XXVI no. 85), 2023, p. 32–49. DOI: https://doi.org/10.24818/REJ/2023/85/04.

Jan Fekke Ybema, Tinka van Vuuren, Karen van Dam: HR practices for enhancing sustainable employability: implementation, use and outcomes. In: The International Journal of Human Resource Management, 31(7), 2020, p. 886–907. https://doi.org/10.1080/09585192.2017.1387865.

Maslow, Abraham: A theory of human motivation. In: Psychological Rev.(50/4), 1943, p. 370–396. URL: https://www.academia.edu/9415670/A_Theory_of_Human_Motivation_Abraham_H_Maslow_Psychological_Review_Vol_50_No_4_July_1943.

Minge, Lea: Wandel auf dem Arbeitsmarkt in vollem Gange. Generation Z – Darum fordern sie mehr Gehalt. In: Gründer 21.12.2023, URL: https://www.gruender.de/hr-office/generation-z-gehalt/

Naim, Mohammad Faraz: Managing Generation Z in Gig Economy: Towards an Integrative Framework of Talent Management. In: Sustainability in the Gig Economy, p. 293–303. Springer: 2022. DOI: https://doi.org/10.1007/978-981-16-8406-7_22.

Nazarian, Alireza/Soares, Anabela/ Lottermoser, Benjamin: Inherited organizational performance? The perceptions of generation Y on the influence of leadership styles. In: Leadership & Organization Development Journal, 12.09.2017. DOI: 10.1108/lodj-05-2016-0119.

9

Ein attraktives Arbeitsumfeld für junge Fachkräfte schaffen

Lena Burfien, Emma Busch, Lisa Gürtler, Joanna Rietl und Klara Weckert

9.1 Einleitung

Die Evaluation von Personalmanagementstrategien ist aufgrund des technologischen Fortschritts und des demografischen Wandels der Arbeitskräfte notwendig geworden. Von zentraler Bedeutung ist die Schaffung eines ansprechenden Arbeitsumfelds, das den sich wandelnden Lebensgewohnheiten und Vorlieben der Arbeitskräfte gerecht wird. Dieses Um-

---

L. Burfien (✉)
Johannes Gutenberg University Mainz, Hannover, Deutschland
E-Mail: lburfien@students.uni-mainz.de

E. Busch · L. Gürtler · J. Rietl
Johannes Gutenberg-Universität, Mainz, Deutschland
E-Mail: embusch@students.uni-mainz.de; lguertle@students.uni-mainz.de; jrietl@students.uni-mainz.de

K. Weckert
Johannes Gutenberg University Mainz, Schlüsselfeld, Deutschland
E-Mail: kweckert@students.uni-mainz.de

feld fördert Flexibilität, setzt sich für Vielfalt und Inklusion ein und begünstigt Innovationen. Die Unterstützung der Mitarbeitenden bei der beruflichen Entwicklung durch umfassende Ausbildungspläne und Weiterbildungsmöglichkeiten ist ebenfalls von zentraler Bedeutung, um junge Talente zu gewinnen und zu halten. Die Anpassung von Stellenausschreibungen an die Bedürfnisse von Bewerber*innen und die Einführung flexibler Ansätze sowohl bei der Einstellung als auch bei der Eingliederung ins Unternehmen spiegeln den wachsenden Trend wider, den unterschiedlichen Bedürfnissen von Berufseinsteiger*innen gerecht zu werden.

Wie Lysenko und Yaroshenko (2020) betonen, müssen Arbeitgeber im Allgemeinen die Erwartungen und Arbeitsweisen junger Fachkräfte erkennen und sich an diese anpassen. Dies bezieht sich nicht nur auf technologische und betriebliche Fortschritte, sondern auch auf Veränderungen in der Art und Weise, wie Nachwuchskräfte arbeiten und in ihren Karrierewegen vorankommen möchten. Verlage sollten ihre aktuellen Praktiken überdenken und sich stärker auf agile, inklusive und entwicklungsfokussierte Ansätze bei der Rekrutierung und Bindung von Mitarbeitenden ausrichten.

9.2 Modernisierung von Einstellungs- und Karriereeinstiegsprozessen

In jüngster Zeit haben sich die Methoden der Mitarbeitenden-Führung verändert, bedingt durch den Aufstieg der digitalen Technologie und die Ansichten, Haltungen und Werte der jungen Fachkräfte, die in den Arbeitsmarkt eintreten (Fischerova und Pubalova 2018). Dieser Abschnitt befasst sich mit der Modernisierung von Einstellungs- und Karriereeinstiegsverfahren, wobei integrative und detaillierte Stellenanzeigen, digitale Vorstellungsgespräche und agile Onboarding-Initiativen, die besonders auf jüngere Fachkräfte zugeschnitten sind, im Mittelpunkt stehen.

Der erste Schritt zur Modernisierung eines Einstellungsverfahrens beginnt mit der Ausschreibung von Stellenangeboten. Altmodische, traditionelle Beschreibungen sprechen die jüngere Generation möglicherweise nicht mehr an. Sie geben sich nicht mehr nur mit einer Stellenbezeichnung und definierten Aufgaben zufrieden, sondern suchen zusätzlich nach einer detaillierten Darstellung möglicher Karrierewege, die Möglichkeiten für persönliches Wachstum und Entwicklung aufzeigt. In einer modernen Stellenanzeige werden nicht nur die Aufgaben und Zuständigkeiten, sondern auch die Erwartungen und Leistungsindikatoren genannt. Darüber hinaus sollte Inklusion nicht nur ein Schlagwort sein, sondern in der Praxis gelebt werden – Stellenanzeigen sollten die Vielfalt fördern und ausdrücklich darauf hinweisen, dass Bewerber*innen mit unterschiedlichem Hintergrund willkommen sind (Behavioural Insights Team 2023). Dieser Ansatz vergrößert nicht nur den Talentpool, sondern fördert auch ein heterogenes Arbeitsumfeld. Außerdem sollten die Stellenanzeigen eine angemessene Liste an Erwartungen enthalten (Behavioral Insights Team 2022). Einige Personalverantwortlichen neigen dazu, die Anforderungen einer Stelle zu hoch anzusetzen und nicht unbedingt notwendige Anforderungen ebenfalls aufzuführen, in der Annahme, dass dies die Zahl der Bewerbungen erhöhen wird. Dies kann jedoch potenzielle Bewerber*innen abschrecken, die zwar den tatsächlichen Anforderungen der Stelle entsprechen, aber nicht alle der fakultativen Kenntnisse besitzen. Umgekehrt ist es wichtig, dass die Arbeitgeber genau kommunizieren, was von der Person, die sich für die Stelle bewirbt, verlangt wird, um sicherzustellen, dass sie geeignete Bewerber*innen anziehen.

Eine Studie des Behavioural Insights Teams aus dem Jahr 2022 zeigt, dass die Bereitschaft, sich auf eine Stelle zu bewerben, oft davon abhängt, wie gut die Bewerber*innen auf die in der Stellenanzeige genannte Beschreibung passen. Darüber hinaus ergab die Studie, dass auch das Geschlecht einen Einfluss auf die Entscheidung der Bewerber*innen haben kann, wobei sich weibliche Bewerber*innen eher auf eine Stelle bewerben, wenn sie die Mehrheit aller Kriterien erfüllen, während ihre männlichen Kolleg*innen sich häufig auch dann bewerben, wenn sie weniger Kriterien erfüllen (Behavioural Insights Team 2022). Dies ist ein Thema, das bei der Erstellung von Stellenbeschreibungen berücksichtigt werden sollte, da genaue Beschreibungen geeignete Bewerber*innen aller Geschlechter anziehen. Darüber hinaus stellte Fröhlich in einer Untersuchung zur Gleichstellung der Geschlechter im deutschen Verlagswesen und im Buchhandel ein erhebliches Ungleichgewicht zwischen den Geschlechtern fest, wobei Frauen trotz ihrer zahlenmäßigen Überlegenheit schlechtere Karrierebedingungen und ungleiche Chancen vorfinden. Fröhlich plädiert für eine frühzeitige Förderung, Mentorenschaft und regulatorische Maßnahmen zur Beseitigung dieser Ungleichheiten (Fröhlich 2014).

Gehaltstransparenz in Stellenanzeigen ist ein weiterer wichtiger Faktor, den junge Fachkräfte von heute erwarten (Hering 2023). Gehaltsspannen werden nur selten in Stellenanzeigen angegeben und sind oft vage. Die Angabe einer klaren Gehaltsspanne fördert jedoch von Anfang an die Transparenz. Potenzielle Bewerber*innen können bereits vor der Bewerbung feststellen, ob die Vergütung ihren Vorstellungen entspricht, sodass spätere Enttäuschungen oder Absagen für beide Seiten vermieden werden. Dies gilt natürlich auch für die Ausschreibung von bezahlten Praktika oder Volontariaten.

Die Fähigkeit, den Einstellungsprozess reibungslos zu gestalten, ist ein weiterer wichtiger Aspekt, insbesondere im digitalen Zeitalter. Eine effiziente und zeitnahe Kommunikation, die Nutzung digitaler Plattformen für Assessments und Vorstellungsgespräche sowie die Beibehaltung einer persönlichen Note während des gesamten Prozesses sind Voraussetzungen für eine positive Einstellungserfahrung (Stumpf und Fielding 2023; Behavioural Insights Team 2022). Wie Fischerova und Pubalova (2018) zu Recht betonen, geht es nicht nur darum, sich an neue Umstände anzupassen, sondern auch darum, Vertrauen aufzubauen und die Beteiligten, in diesem Fall die potenziellen Mitarbeitenden, einzubinden. Vorstellungsgespräche sollten zudem auch konsequent als Vorstellungsgespräch betitelt sein, um Bewerber*innen durch Umschreibungen wie „Kennenlerngespräch" oder Ähnlichem nicht den falschen Eindruck zu vermitteln, es handele sich nur um ein zwangloses Gespräch.

Online-Vorstellungsgespräche haben in den letzten Jahren stark zugenommen, was auf die Nachfrage und den technologischen Fortschritt zurückzuführen ist. Diese haben den Vorteil, dass geografische Barrieren umgangen werden und ein flexibles, zugängliches Umfeld für Bewerber*innen geschaffen wird, was den Erwartungen der Generationen Y und Z entspricht, die Flexibilität schätzen. Um die Zeit der Bewerber*innen zu respektieren, sollten Arbeitgeber den Prozess auf maximal zwei Gespräche beschränken, bei denen keine Präsenz gefordert wird. Ein persönliches Gespräch wird zwar von den älteren Generationen oft bevorzugt, ist aber für Berufseinsteiger*innen, die gerade mitten in ihrem Abschluss stecken und dafür oft mehrstündige Anfahrten auf sich nehmen müssen, eine große Hürde. Deshalb sollte Rücksicht auf den Zeitplan der Bewerber*innen genommen und ein vollkommen digitaler Einstellungsprozess angeboten werden, um junge Talente zu rekrutieren. Diese werden sonst die Unternehmen bevorzugen, die digitale Vorstellungsgespräche bieten, wodurch die Stellen bei konservativeren Unternehmen unbesetzt bleiben.

Die Implementierung attraktiver und agiler Onboarding-Prozesse ist ebenfalls entscheidend für eine erfolgreiche Einstellung und den Berufseinstieg, da dies den Ton für die Erfahrung der Mitarbeitenden innerhalb einer Organisation setzt und den reibungslosen Übergang junger Fachkräfte in ihre Rollen erleichtert. Generische Onboarding-Verfahren, die für alle passen, reichen möglicherweise nicht mehr aus. Arbeitgeber müssen einen individuelleren Ansatz wählen, um den Bedürfnissen und Erwartungen ihrer neuen Mitarbeitenden gerecht zu werden. Diejenigen, die Verlagserfahrung sammeln konnten oder Praktika absolviert haben, sollten alternative Onboarding-Möglichkeiten erhalten. Es ist ebenso wichtig, dass Erfahrungen und Fähigkeiten, die außerhalb herkömmlicher Verlagsrollen erworben wurden, anerkannt und eingebracht werden. Erfahrung sollte anhand ihrer Relevanz und der Übertragbarkeit von Fähigkeiten bewertet werden, anstatt anhand traditioneller Parameter wie der in verlagsspezifischen Rollen verbrachten Jahre.

Einstiegsmöglichkeiten sollten flexibel und agil sein. Traditionelle, starre Rollen und Karrierewege sollten durch anpassungsfähige Unternehmensstrukturen ersetzt werden, die Job-Rotation oder Versetzungen fördern, Innovation und internes Unternehmertum anregen und kreative Problemlösungen unterstützen. Diese Strategien entsprechen nicht nur den Bedürfnissen junger Fachkräfte, sondern fördern auch die Produktivität, Innovation und Widerstandsfähigkeit des Unternehmens. Inflexible Einstiegsmöglichkeiten sind für Studierende oder Personen, die neue Karrierewege einschlagen wollen, nachteilig, da sie aufgrund mangelnder Branchenerfahrung in den traditionellen Einstellungssystemen häufig auf

Hindernisse stoßen. Für Verlage ist es daher wichtig, alternative Einstiegsmöglichkeiten für diese Personen zu schaffen. So kann z. B. eine Tätigkeit als Redaktionsassistenz/Lektoratsassistenz oder Praktika und Volontariate die gewünschten Einblicke bieten. Dafür müssen Verlage jedoch offen für Quereinsteiger*innen sein und diese für Einstiegspositionen berücksichtigen.

Allerdings sollte auch dieser Aspekt kritisch betrachtet werden: Es ist genau diese Ansammlung von schlecht bezahlten Stufen, von Praktika über Volontariate bis hin zu Juniorpositionen, bis zur endgültigen Sicherung einer anständig bezahlten Vollzeitposition, die junge Fachkräfte in andere Sektoren mit faireren Einstiegsprozessen treibt. Dies erklärt die aktuellen Forderungen, Volontariate und insbesondere unbezahlte Praktika abzuschaffen, die Anzahl der Juniorpositionen zu reduzieren und Vollzeitpositionen auch an Bewerber*innen mit weniger als drei Jahren Erfahrung zu vergeben.

Die Anpassung an diese Veränderungen erfordert, wie Fischerova und Pubalova (2018) betont haben, strategische Führung. Führungskräfte müssen die Wünsche und Erwartungen junger Fachkräfte vollständig verstehen und diese in ihre Personalstrategien einfließen lassen. Auf diese Weise ziehen sie nicht nur die besten Talente an, sondern bringen sich auch in eine wesentlich bessere Position, um sie langfristig an sich zu binden.

Zusammenfassend lässt sich sagen, dass die Modernisierung der Rekrutierungsprozesse, die Neudefinition von Jobrollen und Stellenausschreibungen, die Digitalisierung und Personalisierung der Einstellungsverfahren sowie die Einführung von agilen Einstiegs- und Karrieremöglichkeiten wichtige Schritte sind, um den Herausforderungen und Erwartungen junger Fachkräfte auf dem heutigen Arbeitsmarkt für Verleger gerecht zu werden. Solche Veränderungen schaffen Anreize für Bewerber*innen, verbessern ihre Leistung und steigern somit den Wert des Unternehmens (Fischerova und Pubalova 2018). Die Umsetzung dieser Veränderungen ist nicht länger eine Frage der Freiwilligkeit, sondern ein notwendiger Schritt auf dem Weg zu einer fortschrittlicheren und produktiveren Mitarbeiterschaft in der Verlagsbranche.

9.3 Insbesondere: Attraktives Onboarding implementieren; Volontariate

Es versteht sich von selbst, dass jeder Onboarding-Prozess transparent gestaltet und in Zusammenarbeit mit den neuen Mitarbeitenden entwickelt werden sollte. Dafür ist es notwendig, nicht nur die Aufgaben und Verantwortlichkeiten zu planen und ihnen genügend Zeit zu geben, um ihre neue Arbeitsumgebung und Kolleg*innen kennenzulernen, sondern auch die neuen Mitarbeitenden in die Gestaltung ihres Onboarding-Prozesses einzubeziehen. Im Gegensatz dazu kann die Begrüßung neuer Mitarbeitender ohne einen detaillierten Einarbeitungsplan zu einem unorganisierten Arbeitsumfeld führen und dazu, dass sich neue Mitarbeitende gestresst, überfordert und unzufrieden in ihrer neuen Position fühlen.

Im Mittelpunkt jedes erfolgreichen Onboarding-Programms steht die Entscheidung, in das menschliche Potenzial des Unternehmens zu investieren. Wie Liebermeister im Beitrag *Gen Z in der Arbeitswelt: Nicht schlechter, nur anders,* berichtet, werden Mitglieder der Generation Z oft als weniger fähig und weniger enthusiastisch beschrieben als ihre älteren Kolleg*innen (Liebermeister 2023). Liebermeister stellt jedoch fest, dass die Generation Z die gleiche Bereitschaft zeigt wie vorherige Generationen. Diese Beobachtung unterstreicht, wie wichtig es ist, Rollen einzuführen, die schrittweise zu mehr Verantwortung führen können. Um die neuen Perspektiven junger Fachkräfte zu nutzen, ist es unerlässlich, den Volontär*innen eigene Projekte anzuvertrauen. Wenn man Volontär*innen die Autonomie und die Verantwortung für die Bewältigung ihrer Projekte überträgt, werden ihre Beiträge anerkannt und ihr Vertrauen gestärkt (AG Nachwuchsrechte des Junge Verlags- und Medienmenschen e. V. 2022). Daher sollte ein proaktives Verlagshaus die Volontär*innen nicht nur mit kleinen Neben-Aufgaben betrauen, sondern sie durch die Übernahme von zunehmend komplexen Tätigkeiten an eigene Projekte heranführen. Ein organisches Wachstum von Aufgaben und Erwartungen ermöglicht, Selbstvertrauen zu gewinnen, Fähigkeiten zu kultivieren und aktiv zum Veröffentlichungsprozess beizutragen.

Die Möglichkeit, den Volontär*innen die Wahl zu lassen, ihren Projektschwerpunkt auf der Grundlage ihrer Interessen und Fachkenntnisse zu verlagern, kann ebenfalls von Vorteil sein. Diese individualisierbare Ausbildungserfahrung ermöglicht nicht nur, dass sie ihre Stärken erkennen, sondern verringert auch die Kündigungsrate in den frühen Phasen der Rekrutierung. Ein effektives Onboarding bietet arbeitsplatzspezifische Anweisungen und umfasst auch Informationen über die Kultur, die Werte, die Richtlinien und die Leistungserwartungen des Unternehmens. Ein regelmäßiges Feedback, ein Schulungsplan und engagierte Mentor*innen sind für eine effektive Einarbeitung von entscheidender Bedeutung und können in Verbindung mit einer einladenden Atmosphäre dazu beitragen, die Ängste neuer Mitarbeitender abzubauen, ihre Leistung zu fördern und möglicherweise die Bindungsrate zu erhöhen (AG Nachwuchsrechte des Junge Verlags- und Medienmenschen e. V. 2022).

Die transparente Organisation und Strukturierung von Ausbildungsprogrammen mit klarer und präziser Kommunikation spielen ebenfalls eine wesentliche Rolle bei der Bindung junger Fachkräfte (AG Nachwuchsrechte des Junge Verlags- und Medienmenschen e. V. 2022). Die Aussicht auf eine mögliche Übernahme in das Unternehmen kann einen erheblichen Einfluss auf die Entscheidung der Volontär*innen haben, eine befristete Stelle anzunehmen. Zu Beginn und während des gesamten Volontariats muss jungen Fachkräften ein Überblick über ihre Karriereperspektiven im Unternehmen gegeben werden; dies motiviert sie zu guten Leistungen und erhöht die Einsatzbereitschaft. Viele Verlagshäuser, wie Penguin Random House, stellen ihren Auszubildenden und Volontär*innen verschiedene Abteilungen innerhalb des Unternehmens vor, um ihnen verschiedene Karrierewege und -möglichkeiten aufzuzeigen. Dieser umfassende Ansatz erleichtert Karriereentscheidungen und stärkt das Engagement und die Bindung der neuen Mitarbeitenden an das Unternehmen.

Die Bereitstellung strukturierter Mentor*innen-Programme ist ein weiterer wichtiger Aspekt. Junge Fachkräfte, die in das Verlagswesen einsteigen, suchen oft nach Orientierung in dieser komplexen Branche. Indem neue Mitarbeitende mit branchenerfahrenen Mentor*innen gepaart werden, können Unternehmen den Transfer von Wissen, Fähigkeiten und Unternehmenskultur fördern. Ein gut strukturiertes Mentor*innen-Programm kann auch das Networking fördern, Karriereberatung bieten, und die Arbeitszufriedenheit verbessern (Stumpf und Fielding 2023).

Nicht zuletzt sind Networking-Möglichkeiten ein wirksames Instrument, um die Vernetzung und die berufliche Entwicklung zu fördern (AG Nachwuchsrechte des Junge Verlags- und Medienmenschen e. V. 2022). Die Ermöglichung und Förderung der Teilnahme an Branchenveranstaltungen schafft ein Zugehörigkeitsgefühl, das die Branchenkenntnisse, das Selbstvertrauen und das Engagement von jungen Fachkräften für ihre Arbeit stärkt. Die Ermutigung zur Teilnahme an Branchenveranstaltungen dient beispielsweise einem doppelten Zweck. Sie bietet nicht nur Raum für Vernetzung, sondern erweitert auch das Verständnis junger Fachkräfte für die aktuellen und möglichen künftigen Entwicklungen im Verlagswesen.

Langfristig wird jedoch ein starkes Argument für die Abschaffung von Volontariaten vorgebracht. Es ist erwiesen, dass für eine Karriere im Verlagswesen kein Volontariat erforderlich ist, sofern einschlägige Kenntnisse oder Erfahrungen anderweitig erworben wurden. Da Verlagsstudiengänge in Großbritannien und Deutschland zunehmend auf die Vermittlung praktischer Fähigkeiten abzielen, können Absolvent*innen ohne lange Ausbildungszeit direkt in den Beruf einsteigen. Ein Volontariat im Verlagswesen steht im Wettbewerb mit anderen Branchen, in denen die passenden Studiengänge weit weniger praxisorientiert sind, der Einstieg mit einer Vollzeitstelle jedoch möglich ist und ein weitaus höheres Gehalt als bei einem Volontariat erzielt wird. Eine unnötige Hürde in Form eines Volontariats, wenn Alternativen besser geeignet wären, könnte daher potenzielle junge Talente davon abhalten, sich überhaupt für diese Branche zu entscheiden.

9.4 Allgemeiner und über das rein operative hinaus: Strategien zur Schaffung einer einladenden Arbeitsumgebung

Die Arbeitsumgebung beeinflusst maßgeblich Einstellungen, Verhaltensweisen und Leistung der Mitarbeitenden (Zhenjing et al. 2022); dieses Unterkapitel stellt einige Strategien vor, die von Verlagshäusern eingesetzt werden können, um einen einladenden und anregenden Arbeitsplatz zu schaffen.

Die Möglichkeit von Homeoffice und flexiblen Arbeitszeiten wird in der heutigen digitalen Zeit als entscheidend angesehen. Technologie hat den Übergang zur Remote-Arbeit erleichtert und gezeigt, dass physische Präsenz im Büro nicht immer für die Produktivität oder den Teamzusammenhalt erforderlich ist. Daher schafft das Angebot flexibler Arbeitszeiten und Remote-Optionen eine anpassungsfähigere Umgebung für junge Fachkräfte (Stumpf und Fielding 2023). Diese Anpassungsmöglichkeiten sind besonders attraktiv für Personen mit besonderen persönlichen Anforderungen, vor allem für Menschen mit gesundheitlichen Problemen oder Behinderungen, und können Menschen helfen, die sonst lange Pendelzeiten in Kauf nehmen müssten oder andere Verpflichtungen haben. Dies gilt nicht nur für Teilzeitarbeit, sondern beinhaltet auch Szenarien, in denen Mitarbeitende vollständig remote arbeiten können. Die Arbeitgeber müssen diese Flexibilität als branchenübliches Angebot und nicht als Sonderregelung betrachten.

Das heißt jedoch nicht, dass Remote-Arbeit Organisationen davon befreit, in attraktive und technologisch ausgestattete Büros zu investieren. Ein attraktives und funktionales Arbeitsumfeld hat erheblichen Einfluss auf die Kreativität, Produktivität und Motivation der Mitarbeitenden (Zhenjing et al. 2022). Die Bereitstellung von modernen Laptops, Programmen und Plattformen für die Zusammenarbeit, ergonomischen Möbeln und anderen relevanten technischen Hilfsmitteln kann eine leistungsstarke Arbeitskultur fördern. Darüber hinaus kann die Gestaltung von Kooperations- und Erholungsräumen innovative Denkprozesse anregen und das Gemeinschaftsgefühl der Mitarbeitenden fördern.

Junge Fachkräfte schätzen Work-Life-Balance und Flexibilität. Sie bleiben eher bei einem Unternehmen, das weniger starre Kernarbeitszeiten anbietet und die Notwendigkeit von Auszeiten und persönlichen Verpflichtungen anerkennt. Daher sollten Unternehmen Wochenarbeitszeiten von weniger als 40 Stunden, flexible Anfangs- und Endzeiten und die Möglichkeit von Teilzeitarbeit in Betracht ziehen. Diese Anpassungen bieten nicht nur Flexibilität, sondern erhöhen nachweislich die Gesamtproduktivität, die Arbeitszufriedenheit und die Mitarbeitenden-Bindung (Stumpf und Fielding 2023).

Die Fähigkeit von Unternehmen, sich auf dem heutigen globalen Markt zu behaupten, steht in direktem Zusammenhang mit ihrer Fähigkeit, Vielfalt und Inklusion zu fördern. Diverse Teams können aufgrund einer Vielzahl von Perspektiven und Ideen oft bessere Ergebnisse erzielen und so Kreativität und Innovation fördern (Aderibigbe 2021). Arbeitgeber sollten aktiv eine inklusive Arbeitsumgebung fördern, die Mitarbeitende mit unterschiedlichem Hintergrund willkommen heißt, einschließlich, aber nicht beschränkt auf, Alter, Geschlecht, Ethnizität, Nationalität, Behinderungsstatus und Erfahrung. Dies kann durch transparente Praktiken, die Chancengleichheit unterstützen, auf Vielfalt ausgerichtete HR-Richtlinien und die Förderung einer organisatorischen Kultur des Respekts und der Akzeptanz erreicht werden (Behavioural Insights Teams 2022).

Allerdings bringt jede Generation ihre eigenen Arbeitsethiken, Erwartungen und Präferenzen mit (Lysenko und Yaroshenko 2020). Daher ist es entscheidend, eine einladende, vielseitige Arbeitsumgebung zu schaffen, die sich an die Bedürfnisse, Fähigkeiten und Anforderungen verschiedener Generationen anpasst und offen für individuelle Lösungen ist. Ein Arbeitsmodell, das agil und offen für Innovationen ist und Vielfalt anerkennt sowie einbezieht – nicht nur in Bezug auf das Alter, sondern auch auf Fähigkeiten, Wissen und Perspektive – wird eine harmonischere und produktivere Arbeitskultur schaffen.

9.5 Sicherstellung einer fairen Vergütung

Eine der dringendsten Sorgen für junge Fachkräfte, die in die Verlagsbranche einsteigen, ist die Frage der fairen Vergütung. Da sich die Branche immer weiterentwickelt, ist es entscheidend, traditionelle Vergütungsmodelle zu überdenken, um sicherzustellen, dass sie die aktuellen Realitäten des Arbeitsmarktes widerspiegeln. Genauso wichtig ist es, die Wahrnehmungen und Erwartungen von Nachwuchskräften in Bezug auf faire Vergütung zu berücksichtigen, die ihre Arbeitszufriedenheit, Motivation und Karriereentscheidungen erheblich beeinflussen können (Osman et al. 2017).

Zu Beginn ihrer Karriere stehen junge Fachkräfte oft vor finanziellen Herausforderungen aufgrund von Studienkrediten oder anderen Verpflichtungen. Obwohl das Gehalt eine zentrale Rolle bei der Vergütung spielt, stellt es jedoch nur ein Element eines umfassenden Leistungspakets dar. Nachwuchskräfte in der Verlagsbranche suchen nach mehr als nur einem fairen Einkommen – viele streben nach Jobsicherheit, attraktiven Gesundheitsleistungen und Altersvorsorge, sowie finanzielle Unterstützung für die berufliche Weiterentwicklung (AG Nachwuchsrechte des Junge Verlags- und Medienmenschen e. V. 2022).

Wie bereits erklärt, sind Volontariate, Praktika oder Ausbildungen der typische Einstieg für angehende Fachkräfte in den Verlagsbereich. Der Aspekt der fairen Bezahlung ist daher wichtig, um Berufsanfänger*innen anzuziehen. Es sollte berücksichtigt werden, dass Volontär*innen, Praktikant*innen und Auszubildende oft umziehen müssen, um die Stelle antreten zu können, weshalb die Vergütung es ermöglichen sollte, die Miete am jeweiligen Verlagsstandort zu bezahlen (Börsenblatt 2023; Minge 2023). Aus diesem Grund, und weil eine Vollzeitstelle ein Vollzeitgehalt erhalten sollte, sollte ein Volontariat, ein Praktikum oder eine Ausbildung mindestens mit dem Mindestlohn kompensiert werden (AG Nachwuchsrechte des Junge Verlags- und Medienmenschen e. V. 2022). Unabhängig von ihrer Position in der Organisation, sollten Mitarbeitende keine unbezahlten Überstunden leisten müssen. Es wird empfohlen, dass die Vergütung nicht nur auf finanzielle Anreize beschränkt ist – insbesondere während der Ausbildungsphase. Die Berücksichtigung verschiedener Angebote wie Weihnachts-/Urlaubsboni, Bildungszuschüsse, leistungsbezogene Erhöhungen und Reisekostenzuschüsse kann erheblich zur Arbeitszufriedenheit beitragen. Solche Maßnahmen fördern weiterhin ein Zugehörigkeitsgefühl und die Wertschätzung unter den Nachwuchskräften, was ihre Motivation anregt. Darüber hinaus können auch nicht-finanzielle Leistungen erheblich zur Arbeitszufriedenheit und Loyalität unter jungen Fachkräften beitragen (Acheampong 2020). Während finanzielle Anreize greifbare Motivationsfaktoren darstellen, sind nicht-monetäre Anreize daher ebenso notwendig und können Arbeitsplatzflexibilität, Weiterbildungsmöglichkeiten, Mentoring-Programme, Karriereentwicklungsprogramme und eine ausgewogene Work-Life-Balance beinhalten. Zum Beispiel wird Google weithin für seine Retention-Strategien anerkannt und kann als Vorlage genommen werden, von der andere Unternehmen lernen können. Während Google wettbewerbsfähige Gehälter zahlt, bieten sie auch nicht-finanzielle Leistungen wie

Fitness- und Wellness-Leistungen, innovative und komfortable Arbeitsplätze und eine mitarbeiterfreundliche und inklusive Unternehmenskultur. Diese Vorteile sind ebenso überzeugend, wenn nicht sogar noch überzeugender für junge Fachkräfte, die nicht nur an ihrem Gehalt, sondern auch an einem lohnenden und erfüllenden Arbeitsumfeld interessiert sind, und können nicht nur von einem Technologiegigant wie Google, sondern auch von Verlagshäusern angeboten werden. Zusammenfassend lässt sich sagen, dass faire Vergütungsmaßnahmen, die mehr als nur das Gehalt umfassen, für aufstrebende Fachkräfte von entscheidender Bedeutung sind. Unternehmen müssen bei der Vergütung einen ganzheitlichen Ansatz verfolgen und nicht-monetäre Leistungen einbeziehen, um ein gerechtes Arbeitsumfeld zu schaffen, das talentierte Mitarbeitende anzieht und bindet. Durch eine faire Vergütung können Unternehmen das Wohlbefinden und die Arbeitszufriedenheit ihrer Mitarbeitenden steigern, einen Wettbewerbsvorteil bei der Talentakquise erzielen und eine produktive, motivierte und loyale Mitarbeiterschaft fördern (Osman et al. 2017).

9.6 Unterstützung von beruflicher Entwicklung und persönlichem Wachstum

Die Bedeutung von beruflicher Entwicklung und Wachstumsmöglichkeiten für die Gewinnung, Bindung und Motivation junger Fachkräfte kann gar nicht hoch genug gewertet werden (Stumpf und Fielding 2023). Die individuelle berufliche Entwicklung zu verbessern ist jedoch ein komplexer Prozess, der mehr als ein allgemeines, traditionelles Entwicklungsdiagramm erfordert. Wie Fischerova und Pubalova feststellen, ist es notwendig, die Werte, Bedürfnisse und Interessen junger Fachkräfte zu ermitteln und zu verstehen (Fischerova und Pubalova 2018). Damit die Förderung effektiv ist, muss sie personalisiert sein und auf die Stärken, Schwächen, Ziele und Herausforderungen des Einzelnen eingehen.

Das Konzept eines individuellen Ansatzes zur Talentförderung ist für die berufliche Entwicklung und das Wachstum von größter Bedeutung.

Die Festlegung von Zielen und die Verfolgung von Fortschritten spielen eine entscheidende Rolle bei der Förderung der beruflichen Entwicklung junger Fachkräfte. SMART-Ziele (Spezifische, Messbare, Attraktive, Realistische, zeitlich Terminierte)sind äußerst wirksam, insbesondere wenn sie mit den Unternehmenszielen übereinstimmen (Teammanagement o. J.). Die Zuweisung von Aufgaben und Projekten, die die neugewonnenen Fähigkeiten einer Person nutzen, bietet eine Plattform für die Anwendung neuer Kompetenzen. Die Begleitung des Fortschritts und rechtzeitiges konstruktives Feedback fördern die kontinuierliche Entwicklung, während Anerkennung und Honorierung den Wert der beruflichen Entwicklung unterstreichen.

Leistungsbeurteilungen dienen als Mittel zur Herstellung klarer Kommunikationsstrukturen zwischen Vorgesetzten und jungen Fachkräften, auch im Verlagsbereich. Die produktivsten Beurteilungen beinhalten konsistentes Feedback und Reflexion, die den Mitarbeitenden wertvolle Einblicke in ihre Leistung geben und konkrete Verbesserungsvorschläge umfassen – was wiederum als Katalysator für persönliches Wachstum dient (Acheampong 2020). Mitarbeitende sollten das Gefühl haben, dass sie ein geschätzter, integraler Bestandteil des Unternehmens sind. Es sollte daher eine Priorität für Arbeitgeber sein, eine offene und vielfältige Unternehmenskultur zu fördern (Liebermeister 2023). Dies kann durch eine transparente und ehrliche Kommunikation sowie durch die Umsetzung eines Anreizprogramms erreicht werden. Anerkennung und Feedback für gute Arbeit sind unverzichtbar für optimale Praktiken im Personalmanagement, fördern die Motivation und gewährleisten berufliches Wachstum. Auf diese Weise können die Unternehmen sicher sein, dass ihre Mitarbeitenden sich gehört und verstanden fühlen, was ein starkes Zugehörigkeitsgefühl und eine hohe Motivation fördert – entscheidende Faktoren für die Bindung von Mitarbeitenden. Darüber hinaus helfen Arbeitgeber, die ihre Wertschätzung für die Beiträge ihrer Mitarbeitenden zum Ausdruck bringen, diesen dabei, ihr Potenzial zu entfalten.

Neben internen Talententwicklungsmaßnahmen können auch externe Workshops und Schulungen als gute Quelle für berufliche Entwicklung dienen (AG Nachwuchsrechte des Junge Verlags- und Medienmenschen e. V. 2022). Diese Weiterbildungsmöglichkeiten vermitteln wertvolles

9 Ein attraktives Arbeitsumfeld für junge Fachkräfte schaffen

Wissen, fördern kreatives Denken und bieten praktische Erfahrungen, die in einer sich schnell digitalisierenden Verlagsbranche von Vorteil sein können. Daher sollte die Teilnahme an einschlägigen Seminaren oder Konferenzen vom Unternehmen finanziert werden und die Teilnahme als Arbeitszeit gelten. Dies fördert eine Kultur des ständigen Lernens und unterstreicht den Wert, der der beruflichen Entwicklung beigemessen wird.

Ein Beispiel dafür, wie dies organisiert werden kann, zeigt der Carlsen Verlag aus Hamburg, der begonnen hat, seinen Mitarbeitenden einen „Tag der beruflichen Weiterbildung" anzubieten (Carlsen Verlag GmbH Juli 2024). Der Verlag bot allen Mitarbeitenden die Möglichkeit, an Keynote-Veranstaltungen, Schulungsprogrammen, Seminaren oder einem Workshop ihrer Wahl teilzunehmen und dies als Arbeitstag zu zählen. Solche Initiativen sorgen nicht nur dafür, dass die Belegschaft immer auf dem neuesten Wissensstand ist, sondern unterstreichen auch das Engagement des Unternehmens für die Entwicklung seiner Mitarbeitenden.

Unternehmen sollten zudem in Betracht ziehen, auch branchenferne Kurse, wie z. B. Sprachkurse, zu finanzieren, die für den Job von Vorteil sein können. Darüber hinaus sollte die Zeit, die auf Konferenzen, Seminaren und Buchveranstaltungen verbracht wird, als Teil des Arbeitstages angesehen werden, wodurch eine Kultur gefördert wird, in der Selbstverbesserung und Branchenengagement als Teil des Jobs anerkannt werden und nicht etwas sind, das „nach Feierabend" getan werden muss (AG Nachwuchsrechte des Junge Verlags- und Medienmenschen e. V. 2022).

Die Unterstützung junger Fachkräfte in der Verlagsbranche durch berufliche Entwicklung und persönlichen Wachstum erfordert daher einen vielschichtigen Ansatz. Die Verlagsbranche kann enorm davon profitieren, eine Arbeitskraft zu gewinnen, die sich kontinuierlich weiterentwickelt, lernt und sich an neue Normen und Technologien in der Branche anpasst. Aus dieser Perspektive betrachtet, macht sich die Investition in berufliche Weiterbildung für das eigene Unternehmen bezahlt. Durch gezielte Talententwicklungsmaßnahmen, konstante Leistungsbeurteilungen, Bereitstellung von Workshops und Schulungsprogrammen und weiteren Investitionen in die Entwicklung der Mitarbeitenden kann die Verlagsbranche die Herausforderungen bei der Bindung junger Talente meistern.

Literatur

Acheampong, Nana Amma A.: Reward Preferences of the Youngest Generation: Attracting, Recruiting, and Retaining Generation Z into Public Sector Organizations, 2020. DOI: https://doi.org/10.1177/0886368720954803

Aderibigbe, J.K. (2021). The Dynamism of Psychological Contract and Workforce Diversity: Implications and Challenges for Industry 4.0 HRM. In: Coetzee, M., Deas, A. (eds) Redefining the Psychological Contract in the Digital Era. Springer, Cham. https://doi.org/10.1007/978-3-030-63864-1_13

AG Nachwuchsrechte des Junge Verlags- und Medienmenschen e. V. Leitfaden für ein gutes Volontariat. (Juli, 2022). Junge Verlags- und Medienmenschen. https://www.jungeverlagsmenschen.de/volo-leitfaden/

Behavioural Insights Team: Strategies to improve workforce diversity in the public sector. (May, 22th 2022). https://www.bi.team/publications/strategies-to-improve-workforce-diversity-in-the-public-sector/

Behavioural Insights Team: How to improve workplace equity: Evidence-based actions for employers. (March 16th 2023). https://www.bi.team/publications/how-to-improve-workplace-equity-evidence-based-actions-for-employers/

Börsenblatt: So ticken die Nachwuchskräfte im Buchhandel. Börsenverein des deutschen Buchhandels 2023. URL: https://www.boersenblatt.net/news/buchhandel-news/so-ticken-die-nachwuchskraefte-im-buchhandel-290675.

Carlsen Verlag GmbH (July, 2024): „Letzte Woche fand unser jährlicher Carlsen Campus unter dem Motto „Flow Forward" statt. Für einen Tag wurde unser Verlag geschlossen..." [Post]. LinkedIn. https://www.linkedin.com/posts/carlsen-verlag-gmbh_letzte-woche-fand-unser-j%C3%A4hrlicher-carlsen-activity-7218587771261566976-EcjM?utm_source=share&utm_medium=member_desktop

Elena Lysenko, Anastasia Yaroshenko: Using Theory of Generation for Attraction and Retention of Young Professionals. In: 16th European Conference on Management, Leadership and Governance, 2020, p. 138–149. https://doi.org/10.34190/ELG.20.054.

Hering, Anna. Gehaltsangaben in Stellenanzeigen liegen im Trend – Deutschland ist Schlusslicht bei Gehaltstransparenz. (Juli 5, 2023). Hiringlab. https://www.hiringlab.org/de/blog/2023/07/05/gehaltstransparenz-deutschland-usa-uk-frankreich/

Liebermeister, Barbara: Gen Z in der Arbeitswelt: Nicht schlechter, nur anders. Buchreport, 2023. URL: https://www.buchreport.de/news/gen-z-in-der-arbeitswelt-nicht-schlechter-nur-anders/.

Martina Fischerova, Katerina Pubalova: Different Approaches in Recruiting Young Professionals. In: Emerging Markets Journal, Vol. 8 No. 1 (2018), p. 31–38. DOI: https://doi.org/10.5195/emaj.2018.149.

Minge, Lea: Wandel auf dem Arbeitsmarkt in vollem Gange. Generation Z – Darum fordern sie mehr Gehalt. In: Gründer 21.12.2023, URL: https://www.gruender.de/hr-office/generation-z-gehuender.de.

Osman, Neela/ Purwana, Dedi/ Saptono, Ari: Do Performance Appraisal, Compensation and job satisfaction influence employees loyalty of generation Y? In: Journal of Business and Behavioural Entrepreneurship (Vol. 1 No. 1), 2017, S. 35–49, DOI: https://doi.org/10.21009/jobbe.001.1.04.

Romy, Fröhlich (2014) Book People in Germany: A Study on the Professional Situation and Career Conditions of Men and Women in the German Book Publishing Industry and the Book Trade Publishing Research Quarterly 30(2) 223–243. DOI: https://doi.org/10.1007/s12109-014-9361-8.

Stumpf, Anna M., Fielding, Rebecca: Fulfilling Gen Z's Needs and Expectations in Industry 4.0: Attracting and Retaining Early Career Talent. In W. Donald (Ed.), Handbook of Research on Sustainable Career Ecosystems for University Students and Graduates (pp. 258–277). 2023. IGI Global. DOI: https://doi.org/10.4018/978-1-6684-7442-6.ch014.

Teammanagement. Wie unterstützen Sie die berufliche Entwicklung und das Karrierewachstum Ihrer Teammitglieder? (ohne Jahr) In: LinkedIn. Wie unterstützen Sie die berufliche Entwicklung und das Karrierewachstum Ihrer Teammitglieder? (linkedin.com)

Zhenjing G, Chupradit S, Ku KY, Nassani AA, Haffar M: Impact of Employees' Workplace Environment on Employees' Performance: A Multi-Mediation Model. In: Front Public Health, 2022. https://doi.org/10.3389/fpubh.2022.890400.

10

Schlussfolgerung und Handlungsempfehlungen: Die Zukunft der Verlagsbranche gestalten

Lisa Gürtler und Joanna Rietl

10.1 Schlussfolgerung

Digitale Transformation, Trends und Herausforderungen in der Verlagsbranche

Die Verlagsbranche hat einen bedeutenden digitalen Wandel durchlaufen, der zu neuen Arten und Plattformen der Kommunikation, zu neuen Inhalten sowie zu neuen Geschäftsmodellen und Wettbewerbern geführt hat. Durch technologische Fortschritte hat die Branche einen Wandel von traditionellem Druck zu digital-first Strategien erlebt, die vielfältige Formate umfassen. Der Aufstieg von E-Books, Hörbüchern und dynamischen digitalen Publikationen veranschaulicht diesen Prozess, der die Zugänglichkeit fördert und die Marktreichweite erhöht. Dies hat zu einer Veränderung der Einnahmeströme geführt, mit einer spürbaren Verlagerung weg von traditionellen Printmedien hin zu digitalen Medien. Darü-

---

L. Gürtler (✉) · J. Rietl
Johannes Gutenberg-Universität, Mainz, Deutschland
E-Mail: lguertle@students.uni-mainz.de; jrietl@students.uni-mainz.de

ber hinaus haben neue digitale Plattformen und Technologien nicht nur die Art und Weise beeinflusst, wie Inhalte vermarktet und diskutiert werden, sondern auch, wie sie erstellt und konsumiert werden.

Die Verlagsbranche entwickelt sich rasant weiter, angetrieben durch Trends wie Self-Publishing, Open Access und die Integration von KI. Self-Publishing ermöglicht es den Autor*innen, die kreative Kontrolle zu behalten und traditionelle Verlagshäuser zu umgehen, während Open-Access-Publikationen die Sichtbarkeit und Zugänglichkeit erhöhen sowie wissenschaftliche Inhalte einer globalen Leserschaft frei zur Verfügung stellen, was auch den akademischen Diskurs darüber verändert, wie in diesem Bereich in Zukunft publiziert wird. KI revolutioniert die Branche durch Effizienzsteigerungen, Automatisierung wiederholender Aufgaben und Unterstützung innovativer Inhaltsformate wie AR und VR, was menschlichen Redakteur*innen und Lektor*innen ermöglicht, sich auf komplexere Aspekte der Inhaltsproduktion zu konzentrieren. Diese Technologien verbessern auch die Auswahl von Inhalten, erstellen prädiktive Analysen und generieren personalisierte Lesererlebnisse. Neue digitale Plattformen haben die Kommunikationsformen in der Verlagsbranche neu definiert, wobei soziale Medien eine besonders große Rolle spielen. Mit dem Internet als primäre Informationsquelle für junge Leser*innen ist es wichtig, dass Unternehmen soziale Medien effektiv nutzen. Dies erfordert, dass sie dem sich ständig verändernden Trends voraus sind und das Nutzerverhalten verstehen. Strategische Partnerschaften mit Content Creators und Influencer*innen können die Sichtbarkeit in einem Markt erhöhen, der mit selbstveröffentlichten Werken überschwemmt ist.

Verlage stehen jedoch vor erheblichen Herausforderungen bei der Anpassung an diese Trends. Sie müssen neue Monetarisierungs- und Werbestrategien entwickeln, soziale Medien effektiv nutzen und mit Influencer*innen zusammenarbeiten, um wettbewerbsfähig zu bleiben. Darüber hinaus sind die Integration von KI in die Geschäftsabläufe und die Anpassung an kulturelle und sprachliche Veränderungen bei jüngeren Zielgruppen entscheidend für den Erfolg in dieser sich verändernden Landschaft.

Veränderungen der Berufsprofile und Arbeitsbedingungen
Dieser digitale Übergang erfordert eine Neudefinition von Berufsprofilen und Arbeitsbedingungen innerhalb der Verlagsbranche. Traditionelle Rollen, wie die des Redakteurs oder der Redakteurin oder des Lektors und der Lektorin, erfordern nun digitale Kompetenzen, um Online-Tools für die Auswahl, Bewertung und Verteilung von Inhalten zu steuern. Gleichzeitig sind Positionen wie Content-Editor, Grafikdesigner*in, Marktanalyst*in und Produktmanager*in von zentraler Bedeutung geworden. Spezifische Rollen wie AR/VR-Entwickler*in, SEO-Spezialist*in und Expert*innen für datengesteuertes Marketing unterstreichen die spezialisierten Fähigkeiten, die heutzutage gefordert sind. Diese Transformationen wirken sich auch auf Onboarding-Prozesse aus und erfordern solide digitale Schulungen für Neueinsteiger*innen und kontinuierliche berufliche Weiterentwicklung, um mit der technologischen Entwicklung Schritt zu halten.

Die Dynamik der Gig Economy stellt eine weitere bedeutende Herausforderung dar, die junge Fachleute oft in prekäre freiberufliche Positionen mit unbefriedigenden Arbeitsbedingungen drängt. Um diese negativen Auswirkungen zu bekämpfen, muss die Verlagsbranche Strategien entwickeln, die stabile, fair entlohnte Einstiegspositionen bieten. Klare Karrierewege und ein wertschätzender Umgang mit den Mitarbeitenden sind entscheidend, um ein unterstützendes Arbeitsumfeld zu fördern.

Die Stärken, Erwartungen und Herausforderungen junger Fachkräfte
Nachwuchskräfte bieten unschätzbare Einblicke in die Lesepräferenzen und -gewohnheiten jüngerer Demografien, stellen sicher, dass der Inhalt kulturell, sozial und sprachlich relevant bleibt und bringen neue Perspektiven in die Verlagsprozesse und -trends ein. Ihr Umweltbewusstsein kann transformative Veränderungen hin zu Nachhaltigkeit in der Branche vorantreiben, während ihr Wissen über soziale Medien und ihre Bereitschaft, sich schnell an neue Technologien und digitale Trends anzupassen, sie zu unverzichtbaren Mitarbeitenden in der Verlagsbranche machen.

Berufsanfänger*innen in der Verlagsbranche stehen jedoch oft vor einer erheblichen Diskrepanz zwischen ihren Erwartungen und der Realität des Jobs. Viele treten in das Feld mit der Hoffnung auf eine ausgewogene Work-Life-Balance, wettbewerbsfähige Vergütung und Jobsicherheit ein, nur um festzustellen, dass diese Erwartungen häufig nicht erfüllt werden. Der Mangel an fair bezahlten Einstiegspositionen in dieser hochkompetitiven Branche verschärft die Herausforderung, Fuß zu fassen.

Darüber hinaus trägt die Unsicherheit des Arbeitsmarktes, insbesondere mit dem Aufkommen neuer Technologien und künstlicher Intelligenz, zu den Herausforderungen bei, denen sich junge Fachkräfte gegenübersehen, wenn sie versuchen, ihre Karriere in der Verlagsbranche zu etablieren.

Anziehung und Bindung von Arbeitskräften
Die Fähigkeit der Verlagsbranche, im digitalen Zeitalter zu bestehen, hängt von ihrer Wirksamkeit bei der Anziehung und Bindung junger Fachkräfte ab. Um dies zu erreichen, müssen Unternehmen ihre Rekrutierungsstrategien modernisieren, um den Erwartungen von digital versierten Talenten gerecht zu werden, indem sie klare Jobrollen, Online-Interviews, wettbewerbsfähige Vergütung und ein Engagement für ein vielfältiges und inklusives Arbeitsumfeld bieten. Innovative Einarbeitungsprozesse und flexible Karriereentwicklungsmöglichkeiten sind unerlässlich, um neuen Mitarbeitenden dabei zu helfen, sich problemlos zu integrieren und innerhalb der Organisation zu wachsen.

Darüber hinaus sind eine faire Vergütung, insbesondere für Praktika und weitere Einstiegspositionen, sowie eine unterstützende Arbeitsumgebung, die Home-Office und flexible Arbeitszeiten bietet, entscheidend für die Zufriedenheit der Mitarbeitenden. Fortlaufende berufliche Entwicklung durch SMART-Ziele, konstruktives Feedback und eine Lernkultur, gepaart mit einer offenen und inklusiven Unternehmensumgebung, sind entscheidend für die Bindung junger Talente und die Sicherstellung langfristigen Erfolgs in der Branche.

10.2 Maßnahmen zur Gewinnung und Bindung von Talenten im Digitalen Zeitalter

Um in der sich wandelnden digitalen Landschaft erfolgreich zu sein, muss die Verlagsbranche umfassende Strategien entwickeln, um junge Talente anzuziehen, zu fördern und weiterzubilden. Junge Fachkräfte bringen eine Reihe von Fähigkeiten und Perspektiven mit, die für das anhaltende Wachstum und die Innovation der Branche wichtig sind. Es ist entscheidend, dass Verlage die Bedeutung dieses Potentials erkennen und effektive Maßnahmen umsetzen, die die Erwartungen von Nachwuchskräften erfüllen und ihre berufliche Entwicklung fördern. In den folgenden Abschnitten werden Schlüsselaspekte untersucht, die zu einem ganzheitlichen Ansatz für den Aufbau einer zukunftssicheren Belegschaft im Verlagswesen beitragen und die Frage beantwortet, wie junge Fachkräfte für die Verlagsbranche gewonnen und gehalten werden können.

1. **Die Bedürfnisse und Erwartungen junger Fachkräfte verstehen**
   Um junge Fachkräfte effektiv anzuwerben und zu halten, ist es entscheidend, ihre Bedürfnisse und Erwartungen zu verstehen und zu berücksichtigen. Weiterbildungsmöglichkeiten, faire Vergütung und flexible Arbeitszeiten sind grundlegende Elemente, die diese Generation fordert. Sie wünschen sich zudem Anerkennung für ihre Fähigkeiten und Bemühungen sowie klare Perspektiven für ihre persönliche und berufliche Entwicklung. Jede Generation bringt jedoch ihre eigenen Erwartungen und Vorlieben mit, sodass es wichtig ist, einen vielseitigen Arbeitsplatz zu schaffen, der sich an diese individuellen Bedürfnisse anpassen kann. Auf diese Weise können Unternehmen ein attraktives Arbeitsumfeld schaffen, das die langfristige Zufriedenheit und Bindung der Mitarbeitenden fördert.

2. **Jobausschreibungen und -profile anpassen**
   Das digitale Zeitalter hat zur Entstehung neuer Jobprofile wie SEO-Spezialist*innen, datengetriebene Marketingexpert*innen und AR/VR-Entwickler*innen geführt, während traditionelle Rollen wie Redakteur*innen und Lektor*innen um digitale Kompetenzen er-

weitert wurden. Diese Veränderungen machen es erforderlich, spezifische und transparente Stellenbeschreibungen für neu entstehende Funktionen zu erstellen, die nicht nur die genauen technischen Anforderungen beschreiben, sondern auch Gehaltsangaben und sonstige Unternehmensleistungen enthalten.

3. **Einstellungsverfahren modernisieren und intelligentes Recruiting einführen**
   Die Modernisierung der Einstellungsverfahren und der Rekrutierung ist für die Gewinnung und Bindung von Spitzenkräften von entscheidender Bedeutung. Die Nutzung von Applicant-Tracking-Systemen (ATS) kann den Einstellungsprozess optimieren, indem sie zeitnahes Feedback und transparente Kommunikation bietet. Stellenausschreibungen sollten klare Rollen, Verantwortlichkeiten und Gehaltsspannen skizzieren, um Erwartungen effektiv zu managen und die richtigen Kandidat*innen anzuziehen. Die Betonung von Vielfalt und Inklusion in der Rekrutierung und in Stellenanzeigen bereichert den Arbeitsplatz mit vielfältigen Perspektiven. Darüber hinaus sind die Hervorhebung potenzieller Karrierewege, die Gewährleistung einer klaren und zeitnahen Kommunikation sowie die Nutzung digitaler Plattformen für Bewerbungen und virtuelle Vorstellungsgespräche der Schlüssel zur Schaffung eines effizienten und transparenten Einstellungsprozesses, der die Arbeitskräfte von heute anspricht.

4. **Faire finanzielle Vergütung gewährleisten und attraktive Zusatzleistungen anbieten**
   Eine angemessene Vergütung wirkt sich auf die Arbeitszufriedenheit, die Motivation und die Karriereentscheidungen aus. Daher ist die Festlegung eines Grundgehalts über dem Mindestlohn für alle Praktika und Einstiegspositionen von entscheidender Bedeutung, um vielfältige und talentierte Arbeitskräfte zu gewinnen. Darüber hinaus tragen flexible Arbeitszeiten und Maßnahmen zur Vermeidung von obligatorischen Überstunden wesentlich dazu bei, ein ausgewogenes Verhältnis zwischen Berufs- und Privatleben zu erreichen – ein Faktor, der für junge Fachkräfte zunehmend an Bedeutung gewinnt. Einen

zusätzlichen finanziellen Ausgleich können Weihnachts- und Urlaubsgeld, Bildungszuschüsse, leistungsabhängige Zuschläge und Reisekostenzuschüsse umfassen. Auch nicht-finanzielle Leistungen wie Workation, kontinuierliche Weiterbildungsmöglichkeiten, Mentorenprogramme, Karriereentwicklungsprogramme und eine ausgewogene Work-Life-Balance durch weniger als 40 Wochenarbeitsstunden sind von großem Wert.

5. **Flexible Karriereeinstiegsmöglichkeiten anbieten**
Die Schaffung flexibler Möglichkeiten für den Berufseinstieg, die nicht unbedingt ein Volontariat erfordern, ist ein entscheidender Faktor für die Gewinnung neuer Talente. Individuelle Einarbeitungs- und Karriereentwicklungspläne, die Erfahrungen und Fähigkeiten berücksichtigen, stellen sicher, dass neue Mitarbeitende sich von Anfang an wertgeschätzt fühlen. Projekte anzubieten, die auf ihre Interessen und Fähigkeiten zugeschnitten sind, kombiniert mit einem strukturierten Einarbeitungsplan, trägt dazu bei, Nachwuchskräfte effektiv in das Unternehmen zu integrieren. Klare Perspektiven für eine langfristige Beschäftigung sowie Mentorenprogramme und Vernetzungsmöglichkeiten fördern ihre berufliche Entwicklung und ihr Engagement und sorgen für eine loyale, motivierte Arbeitnehmerschaft.

6. **Innovative Einarbeitungs- und Weiterbildungsprozesse anbieten**
Innovative Einarbeitungs- und Weiterbildungsprozesse sind entscheidend für die erfolgreiche Integration junger Fachkräfte in die Arbeitswelt. Unternehmen sollten personalisierte Einarbeitungspläne entwickeln, die transparent und in Zusammenarbeit mit neuen Mitarbeitenden gestaltet werden. Diese beinhalten klar geplante Aufgaben und Verantwortlichkeiten, die Nennung einer festen Betreuungsperson, Einblicke in andere Abteilungen sowie Informationen über die Kultur, Werte und Leistungserwartungen des Unternehmens. Die Zusammenarbeit mit Bildungseinrichtungen zum Anbieten von Kursen und Zertifizierungen kann die Kompetenzentwicklung weiter verbessern. Ein umfassendes Schulungsprogramm, gepaart mit regelmäßigem Feedback, stellt si-

cher, dass neue Mitarbeitende gut vorbereitet und unterstützt werden, was ihren langfristigen Erfolg innerhalb der Organisation fördert.

7. **Mentoring-Programme und Unterstützungssysteme implementieren**
Durch die Zuweisung erfahrener Mentor*innen an neue Mitarbeitende wird ein unterstützendes Lernumfeld gefördert. Regelmäßige Check-Ins und Gesprächsrunden bieten kontinuierliches Feedback, während die Teilnahme an Branchenkonferenzen und Webinaren die berufliche Entwicklung fördert. Strukturierte Mentoring-Programme spielen eine wichtige Rolle für den reibungslosen Übergang junger Fachkräfte in ihre Rolle, verbessern ihre Leistung und erhöhen die Bindungsrate.

8. **Eine anregende und inklusive Arbeitsumgebung schaffen**
Um ein anregendes und einladendes Arbeitsumfeld zu schaffen, ist es wichtig, verschiedene Aspekte wie Flexibilität, Inklusion und fortschrittliche technologische Arbeitsweisen sowie Möglichkeiten zur persönlichen und beruflichen Weiterentwicklung zu integrieren. Das Angebot von hybriden Arbeitsmodellen und regelmäßigen Weiterbildungsmaßnahmen stellt sicher, dass Arbeitskräfte agil und qualifiziert bleiben. Homeoffice, Remote-Arbeit und flexible Arbeitszeiten (mit weniger als 40 Stunden pro Woche), einschließlich Optionen für Teilzeitstellen und anpassbare Anfangs- und Endzeiten, bieten den Mitarbeitenden die Work-Life-Balance, die sie schätzen. Ein attraktiver und technologisch ausgestatteter Arbeitsplatz, ausgestattet mit modernsten Laptops, ergonomischen Möbeln (für Büro und zu Hause), Software und digitalen Plattformen zur Kommunikation innerhalb des Teams, steigert die Produktivität. Eine inklusive Kultur durch Diversity-Schulungsprogramme sowie Netzwerkgruppen für unterrepräsentierte Mitarbeitende zu fördern, stellt sicher, dass sich jede*r gesehen, gehört und unterstützt fühlt. Darüber hinaus entspricht die Priorisierung umweltfreundlicher Praktiken, wie die Nutzung nachhaltiger Materialien im Herstellungsprozess, den Werten junger Fachkräfte.

9. **Berufliche Entwicklung und das persönliche Wachstum unterstützen und personalisieren**
Um die berufliche Entwicklung und das Wachstum zu unterstützen und zu personalisieren, ist es entscheidend, einen jährlichen, individuellen Entwicklungsplan mit spezifischen, messbaren Zielen zu implementieren, die auf die Bedürfnisse und Interessen der Mitarbeitenden zugeschnitten sind. Quartalsweise stattfindende Leistungsbeurteilungen mit konkretem Feedback und Karriere-Coaching helfen, den Fortschritt zu verfolgen und Verbesserungsbereiche zu identifizieren, während personalisierte Trainingsprogramme auf individuelle Stärken, Schwächen, Bestrebungen und Herausforderungen eingehen. Die Festlegung von SMART-Zielen, die mit den Unternehmenszielen übereinstimmen, fördert das Wachstum, und die Bereitstellung von Möglichkeiten für neue Aufgaben und Projekte verbessert weiterhin die Kompetenzen. Organisationen sollten die kontinuierliche Entwicklung fördern, unterstützt durch firmeninterne Workshops, Schulungskurse und Tage für die berufliche Weiterentwicklung. Die Förderung von Netzwerken, die Zusammenarbeit an Projekten und die Teilnahme an Branchenveranstaltungen sind ebenfalls entscheidend für die Schaffung eines dynamischen und unterstützenden Umfelds, von dem sowohl der oder die Einzelne als auch das Unternehmen profitieren.

10. **Offene Kommunikation und konstruktives Feedback fördern**
Der Kernpunkt ist die Förderung einer gesunden Unternehmenskultur durch ehrliche und offene Kommunikation. Regelmäßige Teamsitzungen für offene Diskussionen und Feedback sowie anonyme Umfragen können zur kontinuierlichen Verbesserung der Arbeitsplatzpolitik und -praktiken beitragen. Offene Gesprächsrunden sorgen dafür, dass sich die Mitarbeitenden gehört und wertgeschätzt fühlen, und fördern so eine positive Unternehmenskultur.

11. **Möglichkeiten für persönliche Projekte, Innovation und Selbstverbesserung schaffen**
Die Förderung eines dynamischen und kreativen Arbeitsumfelds setzt voraus, dass Möglichkeiten für persönliche Projekte, Innovation und Selbstverbesserung geschaffen werden. Indem Unternehmen

ihren Mitarbeitenden einen Teil der Arbeitszeit für experimentelle Projekte und innovative Ideen zur Verfügung stellen, fördern sie Kreativität und unabhängiges Denken. Die Veranstaltung von vierteljährlichen „Innovationstagen", bei denen Mitarbeitende neue Projekte vorstellen können und Unterstützung erhalten, fördert die Innovationskultur weiter. Darüber hinaus zeigt die Anerkennung und Unterstützung von Weiterbildungsmaßnahmen, wie z. B. die Bezahlung von Sprachkursen oder Fortbildungen, das Engagement eines Verlags für die Entwicklung und das kontinuierliche Wachstum seiner Mitarbeitenden.

Die kombinierte Umsetzung dieser Strategien hilft nicht nur dabei, junge Fachkräfte zu gewinnen und zu binden, sondern stellt auch sicher, dass die Verlagsbranche zukünftig resilient, innovativ, aktuell und wettbewerbsfähig bleibt.

The manufacturer's authorised representative in the EU is Springer Nature Customer Service Centre GmbH, Europaplatz 3, 69115 Heidelberg, Germany. If you have any concerns regarding our products, please contact ProductSafety@springernature.com

Printed and bound by CPI Group (UK) Ltd, Croydon, CR0 4YY

23/03/2026

02076396-0009